Cascade POLICIER

COLLECTION
Cascade

JEAN-PAUL NOZIÈRE

DES CRIMES
COMME CI
COMME
CHAT

RAGEOT-ÉDITEUR

Couverture : Nicollet
ISBN 2-7002-1211-8
ISSN 1142-8252

Parce que je me souviens
de Violette Nozière,
criminelle célèbre des années 30,
dont le nom homonyme
a hanté mon enfance.

PROLOGUE

*Ceux qui jouent avec les chats
Doivent s'attendre à être griffés.*

MIGUEL DE CERVANTÈS.

Cour d'assises : dernier acte

Décor : la cour d'assises de D... Une salle au plafond haut où pend un antique ventilateur. Il est en panne. Dommage, car dans la pièce comble règne une température de four, thermostat 10.

Action : le public, rassemblé là, se tait. Il attend, comme vous lecteurs, que l'action commence. Les yeux se braquent vers la porte par laquelle les jurés et la cour entreront. Pas un murmure, ni le moindre raclement de pied. Parfois une toux, qui s'étouffe très vite. Des regards désapprobateurs se posent sur le tousseur. Comme si une toux risquait de changer le destin qui se noue, très près, dans une des salles du palais de justice.

9

*Une foule a parfois des attitudes de trou-
peau. Elle se met soudain en alerte, comme
les gazelles à l'approche du lion. Il y a un
raidissement des corps, des respirations re-
tenues. Chacun pressent que le moment est
arrivé.*

– La cour !

*La porte s'ouvre, livrant passage au noir
des robes d'avocats, au rouge des toges, au
blanc de l'hermine, au camaïeu de gris des
jurés. Le public ne s'intéresse pas à ces al-
lées et venues. Il attend l'accusée. Lorsque
Hélène Brelot entre à son tour, par une autre
porte, la tension accumulée pendant les
trois heures qu'a duré la délibération du
jury, se relâche en rumeur. Elle enfle. Gronde.*

*– Silence ou je fais évacuer la salle ! crie
le président.*

*La rumeur reflue et s'éteint. Mais les yeux
disent ce que n'osent plus dire les lèvres.*

– Quel culot !

– Aucun repentir ! Un monstre !

– Elle nargue les jurés !

*La conduite de l'accusée est effectivement
surprenante. Un sourire de mère à l'enfant
erre sur le visage anguleux. Les boucles
d'une chevelure au roux éclatant s'égarent
sur des yeux inexpressifs. Un mouvement*

10

lent de la tête les rejette de côté. Pendant que les jurés s'installent, Hélène Brelot s'acharne sur un fil qui dépare la manche de son tailleur noir. Elle le tire, le mordille. Elle n'aperçoit pas les visages indignés du public et obéit, sans même s'en rendre compte, au conseil agacé de son avocat, maître Lourdel.

– Cessez, à la fin !

Hélène Brelot accentue son sourire. De plus en plus sourire de madone. Il promène sa douceur fragile au-dessus de la salle d'audience, évident message d'amour adressé à chacune des personnes présentes. Comme si, d'avance, l'accusée pardonnait la sentence.

Comment le chat a-t-il pénétré dans la salle d'audience ? Peut-être s'est-il faufilé entre les jambes du planton ? Qu'importe. N'est-ce pas le propre du Diable d'être présent aux pires moments ? Quoi qu'il en soit, lorsque le président ordonne : «Accusée, je vous prie de vous lever afin d'entendre la sentence de la cour», une chatte noire s'élance et s'écrase sur la pile de dossiers qui constitue l'acte d'accusation. Les poils luisent, reflets d'enfer.

Le public se déleste d'un rire nerveux. Rire que cassent net le comportement et la voix

11

d'Hélène Brelot. Elle s'est mise debout, non pour répondre à l'injonction du président, mais pour se précipiter vers la chatte. Elle tend les bras. Les mains implorent le noir animal. Les yeux de l'accusée ont pris vie. Ils supplient le bonheur d'une caresse. Hélène Brelot prononce un seul mot. Un mot bête, mais un mot d'être vivant, ce qu'elle n'a guère été durant le procès.

– Minou !

Durant ce bref instant, le public aime l'assassin. Les jurés doutent. Le président remet de l'ordre.

– Gardes, flanquez ce chat dehors !

L'animal, happé, trituré, se laisse faire. Il est jeté à travers une porte vite refermée. Personne n'a envie de rire car les mots qu'énonce le président sont comme des impacts de balles.

– Accusée, la cour d'assises de D... va vous lire la sentence. Le jury devait répondre à trois questions concernant votre culpabilité...

Le sourire réapparaît sur les lèvres d'Hélène Brelot. Maître Lourdel, qui est très près, décèle dans le regard une lueur troublante. Un fragment d'ironie.

« Ou ma cliente est un monstre, ou je

12

n'ai rien compris à sa personnalité », songe l'avocat, avant d'écouter le président de la cour.

– Le jury a répondu « oui » aux trois questions...

Le public murmure son approbation.

– À la question « l'accusée bénéficie-t-elle de circonstances atténuantes ? », le jury a aussi répondu « oui ».

Le public proteste. Le maillet s'abat plusieurs fois.

– Je rappellerai à la salle qu'un minimum de décence est attendu à la lecture d'un verdict.

Hélène Brelot a repris son manège avec le fil récalcitrant. Elle parvient à l'arracher. Elle s'en caresse les lèvres ou le tortille entre ses longs doigts maigres. Elle ne réalise manifestement pas que sa vie se joue là, devant elle. Ou s'en désintéresse.

– ... La cour vous condamne à quinze années de réclusion. Selon la loi, vous disposez d'un délai de cinq jours pour interjeter appel.

La salle est pétrifiée. Hélène Brelot devine-t-elle qu'on espère une réaction de sa part ? Elle souffle sur le fil qui empêtre ses doigts, le regarde planer jusqu'à la robe de maître

13

Lourdel, en contrebas. Elle se tourne enfin vers les jurés et dit :

– Au revoir, et merci pour tout.

Ni colère, ni désespoir.

Le jury se serait-il trompé ? « Au revoir et merci pour tout » n'est pas la phrase qu'on attend d'un assassin.

CHAPITRE 1

Le petit chat est mort.

MOLIÈRE.

Trois ans auparavant…

Julien était à son poste. Son poste de magasinier de la bibliothèque Pierre Louis Sarlanpol. « Une planque » (selon ses propres termes), déposée sur la table du petit déjeuner par son père, un dimanche matin.

– Reprends du café, tu vas en avoir besoin. Demain, tu bosses à la bibliothèque. Tu as glandé à l'école et maintenant, tu glandes à la maison, n'espère pas que tu continueras ainsi peinard jusqu'à la retraite…

Depuis ce discours musclé, Julien glandait à la bibliothèque. Une galerie courait à mi-hauteur de la salle de lecture. Il s'installait là, attendant les ordres de Jean Petiot, le magasinier-chef. Celui-ci transmettait les demandes des lecteurs, depuis le rez-de-chaussée, par un système de panneaux d'affichage. En fait, on ne demandait presque rien à Julien. Petiot escomptait que son subordonné ferait le flic. Repérerait les types qui volaient ou découpaient les pages.

Penché par-dessus la balustrade, Julien songeait sans amertume à sa situation. Pourtant, du « beau monde » grouillait en dessous. La cérémonie débutait dans une vingtaine de minutes et la salle s'emplissait peu à peu des personnalités de la ville. Julien observait les invités de la bibliothèque Pierre Louis Sarlanpol avec un intérêt teinté d'incrédulité. La somme de travail accompli par tous ces gens pour atteindre leur position était vertigineuse. L'idée même d'une telle débauche d'énergie épuisait Julien. Qui avait pourtant des projets. Il serait marin sur un cargo en mer de Chine. Il accosterait dans des ports aux noms imprononçables. Il traquerait les trafiquants de cocaïne au Pérou. Serait mercenaire en Afrique. Rien n'urgeait, les plans mûrissaient tranquillement dans un coin de son cerveau. Julien avait seize ans, la vie promettait des délices...

Pendant que le futur mijotait, Julien occupait donc une « planque ». Comme ne rien faire fatigue plus qu'on ne se l'imagine, il appréciait l'animation de cette fin de journée. La bibliothèque était fermée au public, ce qui dispensait Julien de contempler soixante-quatre crânes d'intellectuels au travail. Ou, variante, l'horloge murale qui le délivrait, le soir venu. Les immenses tables de la salle de lecture croulaient sous les petits fours, les amuse-gueule colorés, les flûtes à champagne. Dans la foule, il reconnut le maire. Un brave type qui aimait les inaugurations parce qu'il aimait le champagne, disait-on, mais qui ne mettait jamais les pieds à la bibliothèque Pierre Louis Sarlanpol. Le préfet, galonné comme un officier russe, consultait sa montre à chaque minute.

Personne n'admirait les lieux. Ils méritaient pourtant le coup d'œil. La salle de lecture n'était autre que la nef de l'église d'un collège de jésuites, datant du XVIIe siècle. Il abritait la bibliothèque Pierre Louis Sarlanpol depuis cent trente-sept ans. La voûte gothique protégeait aussi dix chapelles collatérales, bourrées de livres. Le sol se composait d'un damier de pierres tombales, à la mémoire des pères jésuites. Seule l'église était en état. Les autres bâtiments _ des kilomètres de couloirs humides, des escaliers, des salles tordues bardées de portes massives, des recoins à n'en plus finir – ne tenaient debout que par l'opération du Saint-Esprit. Ou plutôt par celle des charpentiers de Bourgogne qui étayaient, mois après mois, les parties du collège qui menaçaient trop de s'écrouler.

Julien, fidèle à sa réputation de cancre, n'aimait pas les livres. Il considérait que sa présence ici était une ironie du sort, plus que le résultat des relations que son père, jardinier municipal, entretenait avec la conservatrice de la bibliothèque. Depuis son entrée en fonction, il estimait que les bouquins dont il avait la garde sentaient l'encens.

– Voilà qui m'étonnerait ! avait ricané le magasinier-chef. La dernière messe ici date de 1842.

Aussi peu d'imagination de la part d'un supérieur hiérarchique était consternant. Julien avait détesté illico Jean Petiot.

La porte capitonnée, ouvrant sur l'extérieur, bégaya comme celle d'un saloon. Les conversations baissèrent d'un ton. La foule s'éloigna du buffet. À regret, tant il est douloureux de s'écarter de la ligne de départ. Elle se concentra autour du groupe nouvellement arrivé.

« Le secrétaire d'État à la Culture », pensa Julien.

Il se déplaça le long de la galerie (il imaginait une coursive de bateau). C'était le premier secrétaire d'État de sa vie, il n'en verrait peut-être pas d'autres. Ses parents ne manqueraient pas de lui demander « comment était le ministre ».

Le secrétaire d'État était quelconque. Il se tenait près d'une jeune fille vêtue d'une magnifique robe bouton d'or. Il lui parlait beaucoup. La fille ne disait rien. Le ministre la prit par l'épaule et l'attira contre lui. Les photographes mitraillèrent.

– Recommencez, monsieur le Ministre, s'il vous plaît !

Quand le bras se posa sur son épaule, la fille se détourna légèrement et leva la tête. Elle découvrit Julien et lui sourit avant de reprendre la pause.

Mardi, 17 h 35.

Trois couloirs et deux escaliers plus haut, Hélène Brelot se préparait. Aurait dû se préparer. Monsieur le Secrétaire d'État l'attendait, les personnalités attendaient le champagne. Chacun s'interrogeait.

Que faisait donc madame la Conservatrice au lieu d'accueillir ses invités ?

La vérité semblera exagérée, voire insensée à beaucoup d'esprits ordinaires. Pourtant, les faits sont têtus. À quelques minutes de l'apogée de sa carrière, Hélène Brelot, conservatrice de la bibliothèque Pierre Louis Sarlanpol, évoluait à quatre pattes sur le parquet ciré de la salle du Globe. Nous constaterons plus loin dans le récit que chez elle cette position n'était pas exceptionnelle. Elle se souciait peu de froisser le tailleur noir, signé Chanel (trois mois de salaire), qu'elle avait revêtu pour l'occasion.

– Allez… dépêche-toi… je t'en prie…

La prière s'adressait à une mignonne souris qui rôdait sur un rayon bas. L'animal hésitait. Il choisissait son repas. À gauche, *le Rouge et le Noir*, roman de Stendhal, annoté par Flaubert, lecteur prestigieux et féroce (page 4 : « métaphore de merde » ; page 6 : « verbeux, pompeux, prétentieux… »). À droite, une souricière, dotée d'un filin d'acier acéré et d'une par-

20

celle de gratin dauphinois cuisiné par madame la Conservatrice. La difficulté du choix, ainsi que le sens aigu du danger, expliquait les pas menus et la lenteur de la progression.

– Je te jure que tu ne sentiras rien, susurrait Hélène Brelot.

Elle passait néanmoins sa main sur son propre cou, que l'âge commençait à décharner un peu.

Hélène Brelot ne se résolvait pas à quitter la pièce afin d'aller tenir son rang auprès des invités. La situation était cruelle. Elle imaginait la souris délaissant le gratin dauphinois au profit de l'écriture tremblée de Flaubert. Dévorant « métaphore de merde » ou d'autres brillantes annotations manuscrites que ne possédait aucune autre bibliothèque. Image insoutenable. Hélène Brelot aimait les livres plus que la vie, les souris étaient son cauchemar. L'ancien collège des jésuites s'écroulait avec noblesse et constance, mais les souris y proliféraient dans une douce quiétude que troublaient à peine les pièges ou la horde de chats qui vagabondaient partout. Aux autorités administratives qui s'en étonnaient, madame la Conservatrice rétorquait :

– Donnez-moi les crédits nécessaires à la construction d'un bâti…

Elle ne terminait jamais sa phrase.

Hélène Brelot livrait donc un combat sans merci aux souris. Combat qui justifiait sa position, inconfortable et douloureuse. À près de soixante ans, il est difficile pour une femme d'un mètre soixante-quinze de se mouvoir à quatre pattes. Il fallait en finir, non seulement pour le bon déroulement de la cérémonie, mais aussi parce que dans le cas contraire, le tailleur Chanel craquerait quelque part.

La souris esquissa une glissade en direction du roman de Stendhal.

– Oh, non ! gémit Hélène Brelot. Je t'en prie, je t'en supplie, plus à gauche, miam miam le bon gratin…

À quoi bon s'indigner du grotesque de la situation ou du vocabulaire. La passion dévorait Hélène Brelot depuis trente ans qu'elle dirigeait la bibliothèque. Elle préférait le ridicule à la perte d'un volume rare.

– Allez, tu y es… voilà, chuchota-t-elle une dernière fois.

Elle ferma les yeux. La violence lui était un spectacle insupportable. La moindre gouttelette de sang répandue et Hélène

Brelot prenait un teint de mur de prison. Peut-être serait-elle tombée en syncope à la vue de l'anneau d'acier brisant la délicate colonne vertébrale de la souris. Un centimètre encore et les moustaches de l'animal frôleraient le piège mortel...

Au même instant, dans une aile voisine datant de 1624, Marie Bizingre, femme de service du grade OP1, traîne derrière elle l'aspirateur catarrheux dont l'a dotée l'administration. Elle termine les poussières de la salle Pompadour, avant que les officiels n'y pénètrent pour l'inauguration. Tâche pénible. Elle doit louvoyer entre les étais provisoires, placés là quatre ans plus tôt quand le plafond peint aux armes de Laisné de la Margerie s'était effondré (un dimanche, grâce à Dieu). Marie Bizingre s'avance, elle aussi, vers son destin. Vers sa mort. À y regarder de plus près, sa lèvre supérieure s'orne d'une moustache, assez semblable à celle de la souris. Évidemment, la ressemblance physique avec l'animal s'arrête là, de même que la ressemblance de leur fin dernière.

Retournons dans la salle du Globe.

Hélène Brelot époussetait son tailleur. Elle avait ressenti un léger étourdissement au moment où le nœud coulant effaçait le mirage de gratin dauphinois sur les rétines de la souris. Maintenant, tout allait bien.

– Minou, viens minou, viens mon Daeninckx chéri…

Il y a tellement de chats. Comment les reconnaître ? Elle les appelle « minou », ou, selon son inspiration, par le nom d'un auteur du moment.

Hélène Brelot lova le chat contre sa poitrine. Sa chaleur, la caresse du pelage, calmaient la tachycardie de madame la Conservatrice. La violence du piège la dégoûtait. Une violence mécanique, sans âme ni discernement. Elle préférait la sanction naturelle des mâchoires d'un chat.

Non. Elle aurait préféré que les souris n'existent pas. Ou qu'elles comprennent la beauté unique des ouvrages rares entreposés sur les rayons. Et que ces livres lui appartiennent. Un tel souhait est absurde. Tant d'êtres humains ne le comprennent pas.

Hélène Brelot posa le chat sur le parquet. Ses mains tremblaient. Ses yeux étaient humides. Elle inspecta une fois encore les milliers de volumes précieux, aux dos cuir, souvent gravés à l'or fin. Elle soupira, fit un petit salut de la main et éteignit la lumière.

Pendant qu'elle fermait la porte, un ultime rayon lumineux éclaira un massicot. La souris morte était tranchée par moitié, chacune d'elles éclaboussant la lame d'un sang clair.

Mardi, 18 h 02.

Julien s'appuyait à la rambarde branlante. Encore du provisoire en bois, en attendant le nouveau garde-fou en fer forgé. Il écoutait vaguement les minauderies du ministre. Un type énervant, au sourire en dentier décroché, qui s'affichait à intervalles réguliers. Les invités le contemplaient comme si sa bouche proférait des vérités célestes.

Julien se pencha davantage. Ses longs cheveux noirs basculèrent en rideau devant son visage. Il les rejeta sur le côté, mais dut bloquer de la main l'avalanche qui se répétait. Il avait envisagé de les natter ou de mettre un bandeau, choix que le magasinier-chef avait torpillé d'un pouce indiquant la porte.

– La réserve indienne, si tu vois ce que je veux dire...

La mère de Julien, jamais à court d'idées, proposait le coiffeur, mais il répondait invariablement qu'il détesterait se promener tout nu, fût-ce dans une église gothique.

Julien cherchait la robe bouton d'or. Il la découvrit, coincée entre l'administrateur des Monuments historiques et la conservatrice. La fille, petite et mince, semblait intimidée. Elle se cachait derrière le dos large du maire. Sa jeunesse intriguait Julien. Elle était si déplacée, dans cette assemblée de gens âgés. D'emblée, la fille lui plut. Il aimait l'audace de l'éclat doré de la robe et des épaules pâles, dégagées. Une robe de bal dont la corolle vive resplendissait comme un défi dans la salle de lecture qui bruissait de teintes ternes.

« Du calme ! » se dit Julien, pendant qu'il se couchait sur la rambarde afin de ne pas perdre une miette des épaules de la fille. « N'oublie pas Nacera ce soir et Élodie, samedi ».

Julien se méfiait des filles. Il était beau garçon. Un quart de sourire et elles rappliquaient.

« T'emballe pas ! De toute façon, celle-ci disparaît dans une heure. D'ailleurs, qui est-elle, d'où vient-elle, où va-t-elle ? »

Il posait là les trois questions fondamentales de l'existence. Maintenant, l'équerre de son corps oscillait au-dessus du vide. Que la fille bouge encore un peu et Julien s'écraserait dans les petits fours. Par chance, il croisa le regard de la conservatrice. Il rétablit aussitôt une position décente. Il agissait par pur réflexe de subordonné, car Hélène Brelot ne le voyait pas. Son visage débordait d'un sourire extasié qui lui redonnait sa jeunesse. La conservatrice n'écoutait pas monsieur le Secrétaire d'État. Ses pensées étaient ailleurs. Naviguaient dans le rose des rêves heureux. Ce bonheur si évident ravit Julien. Il aimait beaucoup « la patronne », ainsi qu'il la nommait avec affection. Lui qui détestait les livres tirait son chapeau à Hélène Brelot. Malgré ses excentricités, elle tenait la bibliothèque Pierre Louis Sarlanpol à bout de bras. Elle connaissait le fonds par cœur, dépensait une énergie d'enfer. Le personnel, que tant de compétence et de volonté ébahissait, adorait « Madame ». Jean Petiot avait imposé l'appellation et personne n'en souriait.

Pendant que Julien observait Madame, un chat énorme, d'un noir brutal, bondit sur une des tables garnies de nourriture. C'était Daeninckx. Pourquoi l'avait-il suivie ? Par curiosité ? Par amour ? Parce qu'il flairait l'odeur du sang de souris ?

Allez savoir.

Sorcellerie de pacotille ou non, Daeninckx éparpilla le contenu d'un plat, se coucha sur le chêne ciré de la table et s'intéressa aux banalités que débitait monsieur le secrétaire d'État. Au quatrième feuillet, consacré à « l'énorme progrès accompli par l'intelligence humaine depuis Gutenberg », Daeninckx ronronnait de plaisir et Marie Bizingre accomplissait un pas supplémentaire vers son destin.

Transportons-nous près d'elle.

Marie Bizingre soliloque. Elle accomplit son travail dans des locaux déserts et pense que parler repousse les fantômes (de jésuites ou non) qui hanteraient les lieux. Écoutons-la attentivement car l'aspirateur fait un boucan de tous les diables.

– Pas de danger qu'ils m'invitent à leur petite sauterie ! Je ne présente pas assez bien pour ces gens-là ! Pourtant, la femme du maire, hein, si je disais ce que je sais sur elle… ouais, mais c'est la femme du maire…

Marie Bizingre tire le tuyau de l'aspirateur. L'appareil résiste. Le fil est trop court.

– Manquait plus que ça ! Et l'autre prise qu'est fourrée là-dessous... c'est pratique, les vieux bâtiments, je vous jure...

Malgré le désir de plaquer là l'engin et d'aller lorgner les officiels, Marie Bizingre cède au sens du devoir. Elle a tort mais ne saura jamais son erreur. Elle traverse la salle, débranche le fil électrique, revient. L'autre prise de courant, coincée au fond d'un rayonnage, est d'accès compliqué. On a rangé à cet endroit les documents que ces messieurs viendront examiner tout à l'heure. Marie Bizingre installe son appareil près d'elle, puis s'offre une pause. Marie Bizingre s'offre une multitude de pauses au cours de la journée. Elle utilise ce temps à compléter sa culture. Elle picore les ouvrages qui sont à portée de sa main.

– Je continuerais bien ce que je lisais hier, c'était intéressant, dit-elle.

Marie Bizingre se contorsionne afin d'atteindre la prise, écarte les dossiers de cuir fauve, marqués « Correspondance 1960-1962 » etc. Un nuage de poussière verte se dépose sur les mains de Marie Bizingre.

– Mon Dieu ! Et les pontes qui viennent dans moins d'une heure !

Marie Bizingre retire un dossier du rayon. Elle veut vérifier s'il sera nécessaire d'aspirer cette poussière. En outre, visite officielle ou non, elle tient à sa pause et elle a précisément pioché la veille dans le dossier qu'elle ouvre maintenant avec gourmandise.

Marie Bizingre s'apprête à donner un sens au proverbe qui affirme que la curiosité est un vilain défaut.

18 h 14.

Dans la salle de lecture, monsieur le Secrétaire d'État approchait de la fin de son discours. Les mots se bousculaient sur ses lèvres. Il calculait qu'en forçant un peu le rythme, il rentrerait à temps à Paris pour le vernissage de l'exposition du peintre Von Kleist au cours duquel il côtoierait le Tout-Paris... ce qui valait mieux que côtoyer le Tout-D...

– Et, mesdames et messieurs, je ne saurais traduire l'intensité de mon émotion. Dix ans, dix longues années que nous attendons cet instant. Les dernières volontés de Pierre Louis Sarlanpol étaient formelles : la donation de ses manuscrits, des milliers de lettres écrites ou reçues, sa bibliothèque personnelle, ses notes, ses brouillons, tout ce fonds unique et prestigieux ne deviendrait consultable que dix ans après sa mort…

Monsieur le Secrétaire d'État toussota à plusieurs reprises. Il devait placer là un couplet à la gloire de la conservatrice. Il avait oublié son prénom. Un « madame Brelot » serait catastrophique, à un mois d'élections importantes. Trop de distance. Un brin de familiarité amicale plairait aux provinciaux. « Quel est le prénom de ce grand cheval ? » se demandait-il, sans que ses lèvres ne cessent de toussoter.

Il se lança.

– Votre ville peut être fière du travail admirable accompli par notre chère amie Josette Brelot…

Personne ne broncha.

– … Josette Brelot qui a convaincu, de son vivant, Pierre Louis Sarlanpol de faire cette donation. Certes, Pierre Louis était un enfant d'ici. Toutefois, sa célébrité internationale – Prix Fema 1970, Prix des Professionnels 1972, Prix Beraudot 1973, romans traduits en douze langues – faisait que d'illustres bibliothèques convoitaient le fonds. Elles l'auraient soustrait à votre petite ville sans l'opiniâtreté de Josette Brelot. Elle n'a pas hésité à user des relations personnelles qu'elle avait tissées avec l'illustre romancier. Elle a su convaincre les centaines et centaines de correspondants de Pierre Louis de céder les lettres qu'ils avaient reçues de notre grand homme. En cela, elle se conformait aussi aux dernières volontés de Pierre Louis Sarlanpol, qui désirait vivement que sa correspondance soit regroupée. Cette fidélité à l'écrivain, au-delà de la mort, est exceptionnelle...

Monsieur le Secrétaire d'État sentit un désagréable picotement agacer sa nuque. Un coup d'œil sur ses notes lui montrait le prénom. Hélène. « Merde ! Quelle conne ! Le prénom de ma femme, on n'a pas idée ! » pensa-t-il. Son visage arborait toujours un sourire sans faille.

À l'étage au-dessus, Julien était mort de rire. Il crierait volontiers « Eh, pomme, la patronne s'appelle Hélène ! » s'il ne risquait la perte de son travail. Ses parents n'apprécieraient pas la plaisanterie. Il se contenta donc d'espérer la fin rapide du discours. Quand les officiels se rendraient dans la salle Pompadour, Julien piquerait une assiette de petits fours.

– ... le public consultera le fonds Pierre Louis Sarlanpol, poursuivit le ministre. Ainsi progressera la renommée de l'écrivain, fierté de votre ville. En réalité, la curiosité du public attendra encore quelques semaines, puisque monsieur le Maire, dont je salue ici l'initiative, a décidé la publication d'une plaquette, tirée à 50 000 exemplaires, intitulée : *Ma vie, ma ville, racontées par Pierre Louis Sarlanpol*. Cinq chercheurs émérites sont en concurrence pour la réalisation de cet ouvrage. Afin de faciliter leur travail, ils auront seuls accès au fonds, pendant un mois. Je profite de leur présence ici pour les féliciter et leur souhaiter bonne chance...

(Plus loin, Marie Bizingre referme le volume emprunté. Elle n'a lu que deux pages. Elle passe frénétiquement la brosse de l'aspirateur sur la correspondance de Pierre Louis Sarlanpol. Une fine couche de poussière verdâtre recouvre chaque volume. Vite. Que tout soit net quand ces messieurs arriveront.)

18 h 18.

– Enfin, concluait le secrétaire d'État, je vous annonce une grande et belle surprise...

Il pivota, chercha quelqu'un des yeux. Lesquels lançaient des éclairs exaspérés. Le directeur de cabinet poussa la jeune fille en jaune vers le ministre qui plaça paternellement son bras sur l'épaule dénudée.

– Noémie Sarlanpol, la petite-fille de notre grand homme, est parmi nous. Elle a quitté son lycée de Genève afin d'honorer la mémoire de son grand-père. Ses parents, ambassadeurs des lettres françaises à travers le monde, sont actuellement au Mexique mais regrettent leur absence. Noémie coupera avec moi le ruban qui clôt symboliquement la salle Pompadour, désormais affectée à la donation Sarlanpol. Mesdames et messieurs, je vous demande d'applaudir la fidélité d'une très jeune fille à son grand-père...

D'un geste rond, peut-être trop aristocratique, le ministre interrompit les applaudissements.

– Ensuite, nous prierons *Hélène* Brelot...

Le sourire à marée haute atteignait le lobe des oreilles.

– ... *Notre chère Hélène Brelot*, de nous conduire jusqu'à la donation Pierre Louis Sarlanpol.

Quand les applaudissements se répandirent en *Te Deum* sous la voûte gothique de l'église des jésuites, il restait dix secondes de vie à Marie Bizingre.

Julien choisissait. Monsieur le Maire recevait royalement. Les gâteaux à la nougatine paraissaient splendides et Julien en prit de quoi s'empiffrer jusqu'au soir. Une fois le sac plastique plein, il remit de l'ordre dans les assiettes. L'abondance était telle que la razzia demeurait invisible. Julien allait regagner son nid de pie lorsqu'il entendit le hurlement. Un long cri d'horreur que répercutaient couloirs et escaliers comme si gémissaient mille trépassés. C'était la voix de la patronne. Julien oublia son appétit. Il fonça en direction de la salle Pompadour.

Cour d'assises : acte I

> *Quand les chats siffleront,*
> *À beaucoup de choses nous croirons.*
>
> *PROVERBE.*

Le témoin, à la barre, a les cheveux longs d'un hippie des années 70. Il est encore jeune, malgré la chevelure poivre et sel. Son visage hâlé exprime la sérénité des gens heureux.

– *Donnez vos nom, prénom et qualité, puis vous prêterez serment conformément à la loi.*

– *Landru, Paul. J'exerce la profession de potier-céramiste à Vallauris. Au moment des faits, j'avais le grade de commissaire de police de la ville de D. et c'est à ce titre que j'ai conduit l'enquête. Je jure de dire la vérité...*

– *C'est donc en tant que policier que la cour vous entendra. Elle utilisera votre ancien grade tout au long de l'interrogatoire. Monsieur le Commissaire, dites-nous très précisément quelle situation vous avez observée lorsque vous vous êtes rendu sur les lieux.*

– *Je ne me suis rendu nulle part, monsieur le Président. Je faisais partie des officiels invités par la mairie. Je me trouvais aux premières loges... déjà dans le pétrin, si je puis dire...*

(Rires du public.)

– *Je vous dispense des commentaires superflus ! Tenez-vous-en aux faits !*

– *Hélène Brelot marchait en tête du groupe qui se rendait à la salle Pompadour. Elle s'entretenait avec monsieur le Ministre. Les invités avançaient vite. Ils étaient pressés d'en finir et pensaient au buffet. Quant à moi, qui aime observer les vieilles pierres et* qui déteste le champagne, je traînais presque en queue de peloton.

(Sourire agacé du président.)

— *Un grondement d'aspirateur nous a accueillis lorsque nous sommes entrés dans la salle Pompadour.*

— *Ce bruit ne vous a pas surpris ?*

— *Si, monsieur le Président. Qu'un employé passe l'aspirateur pendant une inauguration officielle m'a paru déplacé.*

— *Quelle était alors l'attitude de l'accusée ?*

— *Plusieurs témoignages ont confirmé son embarras. Madame la Conservatrice...*

— *Dites « l'accusée » ou employez ses nom et prénom.*

— *Hélène Brelot essayait de convaincre le groupe de faire demi-tour. Je l'apercevais à peine, mais les remous du cortège refoulé venaient jusqu'à moi. Les personnes qui se tenaient près d'elle ont remarqué sa gêne.*

Le président chausse ses lunettes. Il s'empare d'un dossier.

— *Au cours de l'instruction, l'accusée a déclaré :* « *Je me sentais terriblement confuse. La salle Pompadour possède une entrée à chaque extrémité. J'avais choisi la mauvaise. Le ruban à couper fermait la porte opposée...* »

(Rires.)

– « ... d'autre part, juste à ce moment-là, les plombs ont sauté et l'électricité s'est éteinte. Nous nous trouvions dans une semi-obscurité, peu flatteuse en regard de l'importance de la cérémonie et de la beauté des lieux. »

(Rires. Coup de maillet du président.)

– *Exact, monsieur le Président, il s'est produit une courte panne d'électricité accroissant encore le désordre. Un incident apparemment banal à la bibliothèque Pierre Louis Sarlanpol.*

– *Racontez en détail les minutes qui suivirent.*

– *L'instant de flottement passé, nous avons entendu monsieur le Ministre protester : «Demi-tour ? Pas question ! J'ai un avion qui m'attend ! » Le groupe est donc entré dans la salle et s'est dirigé vers le ruban.*

– *Ensuite ?*

– *Le piétinement, puis le mouvement de foule m'avaient porté en tête de l'assemblée. Je me trouvais tout près de l'accusée et de monsieur le Ministre. Je peux donc me montrer précis.*

– *La cour et les jurés vous écoutent.*

Relatez-nous ce que vous avez constaté en vous attachant aux réactions d'Hélène Brelot.

— Nous avons découvert la victime, Marie Bizingre, étendue sur le parquet. Un énorme aspirateur industriel tressautait à côté d'elle, avec un bruit de sirène. La victime tenait dans sa main droite le tuyau de l'engin. Qu'elle ne l'ait pas lâché en tombant était incroyable. Elle semblait s'y agripper comme s'il était le dernier fil de la vie. Près de sa main gauche traînait un dossier intitulé «Correspondance Pierre Louis Sarlanpol, 1960-1962». Le docteur Gerland, un des invités, s'est précipité, croyant à un malaise...

— Comment se conduisait l'accusée ?

— Je l'ai dévisagée, à cet instant précis, non parce que je pressentais un drame, mais parce que la cérémonie tournait à la farce. Son visage était crayeux.

— Cette observation ne figure pas dans le premier rapport de police.

— Exact. L'enquête a prouvé très tôt qu'Hélène Brelot aimait le personnel de la bibliothèque Pierre Louis Sarlanpol. Celui-ci le lui rendait bien. Elle se conduisait parfois en mère poule avec les employés. Découvrir Marie Bizingre inanimée suffisait à expliquer la pâleur de l'accusée.

– *Poursuivez, je vous prie.*

– *Le docteur Gerland a murmuré : « Bon Dieu, elle est morte. »*

– *La cour souhaite, monsieur le Commissaire, que vous nous décriviez dans les moindres détails ce qui s'est alors déroulé sous vos yeux.*

– *Ma première pensée, monsieur le Président, a été la consternation.*

– *Vous entreteniez des liens particuliers avec la victime ?*

– *Non. Mais je cessais d'être invité et je redevenais flic… euh, policier. Mettez-vous à ma place.*

(Quelques rires. Agacement du président.)

– *Je n'ai guère eu le temps de me désoler. Hélène Brelot a saisi le bras du docteur Gerland. Elle a souri et dit : «Vous plaisantez, docteur ? »*

(Murmures dans le public.)

– *Silence, s'il vous plaît ! Vous êtes certain, commissaire, que l'accusée a tenu ce genre de propos ?*

– *Tout à fait. Personne n'a relevé l'incongruité d'une telle remarque. L'état de choc pouvait expliquer ce type d'impair. Puis, Hélène Brelot s'est mise à hurler. Son cri, décuplé par la sonorité des vieux murs,* épouvantait plus sûrement les invités que le cadavre qui gisait à leurs pieds. C'était quelque chose d'effarant, d'indescriptible, un peu comme ça...

(Le commissaire commence à moduler un cri.)

– Je vous en prie, monsieur le Commissaire !

– Excusez-moi, monsieur le Président. Quoi qu'il en soit, Hélène Brelot hurlait. Monsieur le Ministre a eu l'excellent réflexe de la gifler.

– Le secrétaire d'État a...

– Parfaitement, monsieur le Président. C'était la seule chose à faire. Pourtant, je crois qu'il a eu la main lourde.

(Rumeurs.)

– Alors ?

– L'accusée s'est effondrée. Syncope. Elle s'est affalée sur le corps de Marie Bizingre.

(Murmures.)

– Alors ?

– La scène devenait surréaliste. Le choc des deux corps a provoqué l'ouverture du dossier Pierre Louis Sarlanpol et l'éparpillement des lettres qu'il contenait. L'aspirateur, qui fonctionnait toujours, avalait les feuillets un par un...

(Rires.)

– J'ai décidé de faire évacuer la salle Pompadour et de rester seul avec le docteur Gerland. L'opération a été longue, certaines personnes refusant de partir. Le maire a couru téléphoner au SAMU. Pendant que je repoussais les invités, Hélène Brelot reprenait peu à peu conscience. J'avais débranché l'aspirateur, cela va de soi.

Le président replace ses lunettes. Il feuillette son dossier, en extrait une fiche cartonnée.

– Monsieur le Commissaire... nous reviendrons plus tard sur les grossières erreurs d'enquête que vous et vos services avez commises. Cependant, permettez-moi de m'étonner... L'accusée reprend conscience, dites-vous. Je lis dans votre rapport des faits, rédigé à l'époque : «Hélène Brelot, très affaiblie, s'appuyait contre le rayonnage réservé à la correspondance de Pierre Louis Sarlanpol. Comme je tentais de la rassurer en lui répétant qu'il s'agissait d'un malheureux accident, l'accusée m'a dévisagé avec un air étonné et a dit : " Marie Bizingre mettait ses doigts sales partout". » Comment, monsieur le Commissaire, avez-vous pu négliger une telle remarque de la part d'une

personne dont vous disiez, il y a peu, « qu'elle aimait son personnel » ? Je lis encore : « Lorsqu'Hélène Brelot eut récupéré assez de force et put se tenir debout sans aide, elle évita de regarder Marie Bizingre. À notre grande surprise, au docteur Gerland et à moi-même, elle s'intéressa davantage à l'aspirateur qu'à son employée défunte. Elle avait démonté le couvercle de l'appareil dont elle retirait avec précaution les feuilles qu'il avait digérées. Des larmes coulaient sur ses joues. J'ai dit : "Vous aimiez beaucoup votre employée, n'est-ce pas ? " Hélène Brelot s'est mouchée avant de répondre : "Quel affreux gâchis que tous ces feuillets abîmés." »

CHAPITRE 2

Les chats, chez moi,
miaulent tout le jour.
La nuit on entend... leurs hurlements
d'enfants
égorgés par des sorcières.

PAUL MARGUERITE.

Jeudi, 8 h 30.

Julien était en avance. C'était bien la première fois qu'il se rendait avec plaisir à son travail. Il se passait enfin quelque chose au « château des momies ». C'est ainsi qu'il appelait la bibliothèque lorsqu'il bouillait d'ennui à surveiller les corps de musée Grévin, depuis son nid de pie. À compter d'aujourd'hui, fini de se raser. D'espérer, comme unique piment, que M. Fourcasse se gratterait vingt-sept fois la fesse gauche, soit une fois de plus que la veille. Fini d'être énervé par l'étudiant à la noix qui se prenait pour Einstein quand ils

44

se croisaient dans un couloir, mais qui cochait en douce ses grilles de loto. Fini, fini et ninini, chantonnait intérieurement Julien, en sautillant du trottoir au macadam et vice versa.

Meurtre. Il y avait eu meurtre. Mais surtout, assassin, tralalalalère. Quel délicieux frisson. Julien commençait son enquête.

Comment ça, la police pensait à une crise cardiaque ? Mon œil ! décidait Julien en longeant la rue Pierre Louis Sarlanpol, qui aboutissait à la bibliothèque Pierre Louis Sarlanpol en contournant le théâtre Pierre Louis Sarlanpol. Le jeune flic n'y connaissait rien. Inexpérimenté, ça se voyait. Et trop gentil. Il posait ses questions avec un sourire hésitant, comme s'il craignait de dire des grossièretés. Julien avait conclu au meurtre et il prouverait ses thèses.

Il arriva si tôt qu'il était le premier. Il tira d'une poche de son blouson un paquet de clés obèse, genre trousseau de gardien de prison et ouvrit la porte couinante du vestiaire.

« La galère ! » songea Julien en découvrant le bâtiment vide. Il devrait décadenasser chaque serrure du « château des momies ». Un semi-marathon à travers couloirs et escaliers.

Le vestiaire occupait l'emplacement de l'ancienne sacristie. Un recoin rafistolé, sous un pan de toit, mais intime et sans livres. Trois chats dormaient en rond, dans des amas de blouses ramassées sous leur ventre.

– Tirez-vous, sales vampires ! beugla Julien.

Il détestait les chats de la patronne. Sa blouse sentirait le chat. Serait criblée de poils. Parfois, il y découvrait une souris comateuse avec laquelle un greffier avait joué toute la nuit. Ou une bestiole croquée à moitié.

Julien enfila la blouse verte, uniforme de sa fonction. Il payait ainsi très cher, chaque matin, la planque qui était la sienne.

– Bravo l'Apollon de la culture française ! maugréa-t-il pendant que le sac de nylon, trop grand de deux tailles, dévalait jusqu'aux chevilles. Il avait conscience de ressembler aux poubelles à roulettes qui font le pied de grue au bord des trottoirs. Julien décocha quelques coups de pied aux chats – noirs, forcément noirs – et, tel Quasimodo dans les tours de Notre-Dame, il s'élança dans les couloirs de la bibliothèque Pierre Louis Sarlanpol. Le long de sa cuisse, le trousseau de clés respectait l'atmosphère et tintinnabulait de façon sinistre. Corridors sombres. Escaliers sombres. Échos des pas. Julien maniait les interrupteurs. Poussait des portes. Regrettait que sa fièvre d'enquête l'ait conduit si tôt à la bibliothèque. Constatait que la lumière était restée allumée, salle Bossuet.

– Oubli du chef ! Si la patronne l'apprenait ! dit Julien aux huit mille volumes qui tapissaient les murs.

Étage supérieur. Dortoirs des étudiants et des pères-professeurs. Autant de zombies. Silence oppressant ou cris des gonds furieux. Que le lecteur ne fasse pas la fine bouche : ces signes existent réellement. Ils ne sont pas les scories d'une imagination en panne. Qu'il n'oublie pas que l'action se situe dans un collège de jésuites du XVIIe siècle, quand rôdent des chats noirs et l'âme encore vibrante d'une fraîche trépassée.

(Sort injuste que celui de la pauvre Marie Bizingre. À peine entrée dans l'histoire, elle est assassinée et déjà oubliée. Aussi paraît-il équitable, même s'il est bien tard, de donner quelque consistance à cette ombre. Cinquante-deux kilos, un mètre soixante-cinq, trente-sept ans dont dix au service de la BPLS. Solide culture acquise au fil des multiples pauses dans le travail. Mariée à Joseph (Bizingre), parti un beau jour, sans laisser d'adresse, avec une quelconque Marie-Madeleine).

Julien poursuivait sa ronde de porte clés. Il apercevait à nouveau de la lumière. Dans la salle Pompadour, cette fois. La salle du crime. Le magasinier-chef exagérait ! Il savait pourtant que la patronne se tuait à rafler le moindre centime de subvention ! Julien tripota le trousseau de clés, la porte s'ouvrit sans un cri. Il faillit renverser la table placée derrière. Une centaine de souricières s'y alignaient, admirablement rangées.

Qui avait ramassé les souricières ? C'était le rôle d'un magasinier. « Le fou », le plus souvent. Un type halluciné que Madame, par pure bonté d'âme, gardait à son service. Il déambulait à travers les couloirs avec une dégaine de capitaine Crochet et vous regardait, les yeux ouverts jusqu'au menton, la lippe humide, comme si vous étiez une boîte de marrons glacés.

Quoi qu'il en soit, les pièges relevés se trouvaient sur la table alors que la bibliothèque était fermée. Les souris étaient là aussi. Mortes, cela va de soi, et éparpillées entre les souricières. Une main démente avait découpé les bestioles en morceaux. Le sang coagulé dessinait des arabesques.

« Le fou ! Il n'y a que lui qui a pu faire un tel carnage ! » s'écœura Julien en se retenant de vomir.

Il n'en menait pas large. Son regard naviguait entre les souris hachées menu et le coin où, la veille, Marie Bizingre avait rendu l'âme.

On bougeait. Quelqu'un venait par l'autre couloir. L'orgueil de Julien lui interdisait de prendre la fuite. Ce n'était après tout qu'un tueur de souris.

– Julien ? Est-ce toi, Julien ?

La voix de la patronne. Les poumons de Julien se remirent à fonctionner, avec une précipitation bruyante de lave-vaisselle bas de gamme.

Ainsi, Madame avait dormi là...

– Oui, madame, c'est moi ! J'ouvre les portes.

... Avait dormi là, comme elle le faisait souvent. Un lit de camp dans le bureau.

Elle avait relevé les souricières. Les souris en rondelles…

Non… impossible.

Hélène Brelot traversait la salle Pompadour. Une démarche ample, ferme, très aristocratique. Julien songea que décidément, malgré son âge, la patronne avait de la gueule. Elle était vêtue d'impeccables jodhpurs et d'un chemisier de dentelle noire. Le port de tête était celui d'une duchesse inspectant, avec un rien de morgue, son château délabré.

– Bonjour, mon petit Julien. Comment allez-vous ce matin, malgré…

Elle ne termina pas sa phrase. C'était inutile.

Julien serra une main chaude qui transmettait énergie et confiance.

– Mon petit Julien, je crains que vous n'ayez davantage de travail ces prochaines semaines. L'ouverture du fonds Pierre Louis Sarlanpol…

Le regard de la patronne dériva vers la table. Découvrit queues et têtes éparses. Hélène Brelot ferma les paupières et s'adossa au plus proche rayonnage.

– Mon Dieu, Julien, pourquoi avez-vous fait ça ?

Cour d'assises : acte II

— Dites « monsieur le Président », je vous prie.

— De quoi vous êtes président ?

(Rires.)

— Monsieur Briquiti, essayez de vous concentrer et de répondre à mes questions.

— Ouais, m'sieur, d'accord, mais la sciure que vous m'accusez, c'est pas moi.

(Rires gênés.)

— Calmez-vous, monsieur Briquiti. Nul ici ne songe à vous accuser de quoi que ce soit. Était-ce votre rôle, à la bibliothèque Pierre Louis Sarlanpol, de mettre la poudre raticide et de relever les souricières ?

— Ouais, m'sieur, même que j'en avais ma claque de ramasser la bouillie de souris.

— Revenons au cyanure, pas la sciure... au poison, si vous préférez. Vous ne vous êtes pas rendu compte que la poudre dispersée ce jour-là présentait une couleur inhabituelle ?

51

– Je mettais la poudre où Madame me disait de la mettre.

– Certes, mais la couleur ?

– Les souris, faut pas les prendre pour des cloches, elles bouffaient les livres, pas la poudre.

(Rires. Soupir épuisé du président qui retire ses lunettes.)

– Maître Lourdel, je vous cède le témoin.

– Un seule question au témoin, monsieur le Président. Monsieur Briquiti, est-il exact que vos collègues de la bibliothèque Pierre Louis Sarlanpol vous surnommaient « le fou » ?

(Le témoin éclate de rire. Puis, il se rue sur Maître Lourdel qu'il boxe à plusieurs reprises avant que les gardes n'interviennent. Le président fait évacuer la salle d'audience.)

– Commissaire, expliquez à la cour comment il se fait que, lors des premiers jours de l'enquête, vous ayez conclu à la mort de Marie Bizingre par crise cardiaque alors qu'il s'agissait d'un empoisonnement au cyanure, comme le montrera l'autopsie ?

– Monsieur le Président, le cyanure, même ingéré à faible dose – et c'était le cas, puisqu'il était mélangé à un raticide ordinaire – provoque l'arrêt cardiaque.

– Une telle énormité dans l'erreur paraît impensable.

– Le crime était impensable, monsieur le Président. Du moins, au début... (Paul Landru désigne l'accusée)... Hélène Brelot n'avait pas une tête d'assassin.

(La salle murmure. Le président se fâche.)

– Commissaire ! Une enquête policière repose sur des faits, non sur des appréciations partisanes ! Poursuivez !

– N'oubliez pas la présence d'un ministre, monsieur le Président, pas plus que celle de l'ensemble des personnalités de la ville et de la région. Le préfet, le maire, l'administrateur des...

– Épargnez-nous la liste, elle figure au dossier.

– Personne n'avait intérêt à un scandale. Une mort naturelle arrangeait tout le monde. Il est vrai qu'au début, nous n'avons pas trop fouillé les circonstances de la mort de Marie Bizingre, mais il faut dire aussi que j'avais reçu cinq ou six coups de téléphone de la préfecture qui m'encourageaient dans cette voie.

(Murmures indignés.)

– Silence !

– D'autre part, Marie Bizingre s'était comportée en employée modèle jusqu'à la fin. L'aspirateur avait nettoyé la poudre salissant les dossiers de la correspondance Pierre Louis Sarlanpol. Nous n'avons trouvé nulle part trace du cyanure, sinon dans l'estomac de la victime, après l'autopsie.

(Le président chausse ses lunettes. Consulte sa montre. Se caresse l'arête du nez en lisant un rapport d'enquête.)

– « Je fis remarquer à madame la Conservatrice qu'il n'était peut-être pas urgent, en ces moments dramatiques, de démonter l'aspirateur. Elle ne m'écoutait pas. Elle retirait les lettres du sac à poussière, les défroissait, avec un douloureux sourire aux lèvres. Au bout d'un moment, elle prononça une phrase stupéfiante : "De la bave sur mes lettres". Sur le coup, je ne pris pas garde à ces mots, tant leur auteur me semblait déboussolé. »... Décidément, monsieur le Commissaire, rien ne vous surprend.

– Par tempérament, je fais confiance à la nature humaine. J'ai du mal à admettre qu'elle puisse être mauvaise.

– Par tempérament ? Et votre métier de policier ? Bref, quels indices vous ont per-

54

mis de rectifier les ahurissantes conclusions des premières heures ?

– Une remarque d'un magasinier, Julien Mottet, monsieur le Président. Plus tard, beaucoup plus tard, au cours d'une conversation anodine, il me confia que Marie Bizingre passait beaucoup plus de temps à lire le contenu de la bibliothèque Pierre Louis Sarlanpol qu'à nettoyer les lieux. Il avait surpris une altercation à ce sujet, entre sa patronne et la victime. Hélène Brelot l'accusait de corner les pages des livres et de les tourner en mouillant ses doigts de salive.

– Alors ?

– Alors, monsieur le Président, je me suis mis à réfléchir. Surtout lorsque Julien Mottet m'apprit que trois chats étaient morts empoisonnés, le jour du décès de Marie Bizingre. J'ai dû m'intéresser davantage à Hélène Brelot. La mort dans l'âme, je l'avoue.

Vendredi, 10h46.

Noémie Sarlanpol travaillait sept mètres en dessous de Julien Mottet qui ne travaillait pas.

Il contemplait Noémie. Même sans robe bouton d'or décolletée, elle était jolie. Très jolie. Julien suivait la glissade du stylo sur la feuille. Une main soignée, pâle, aux ongles vernis pétale de rose. La tête s'inclinait, se redressait, ployant et déployant la nuque gracile. La chevelure auburn tombait parfois sur la page. Noémie la dispersait d'un élégant jeté du cou. Jamais la jeune fille ne se détournait et ne levait les yeux vers la galerie.

Elle n'avait pas non plus regardé Julien lorsqu'il avait apporté le dossier SAR 127/A. Il défiait pourtant le règlement qui lui interdisait de descendre dans la salle de lecture.

– Merci !

Pas un geste, pas un sourire. Rien. Le « merci » jeté au loufiat qui retient la porte battante du bar avant qu'elle ne vous écrase le nez. La petite-fille de Sarlanpol croyait sortir de la cuisse de Jupiter.

Pourquoi travaillait-elle avec les momies qui se concurrençaient pour l'édition de la plaquette à la mémoire de son grand-père ? Elle ne participait pas au concours. Elle connaissait Sarlanpol mieux que tout le monde et pourtant, elle compulsait aussi le fonds Pierre Louis Sarlanpol. Il y avait aussi l'Étudiant. Il préparait une thèse sur Pierre Louis Sarlanpol. Soi-disant. Il préparait surtout la drague sour-noise de Noémie. Sa chaise collait celle de la jeune fille.

« Qu'il s'installe carrément sur ses ge-noux, » s'insurgeait Julien.

La patronne exagérait. Elle autorisait le premier venu à consulter le fonds Sarlanpol. Sarlanpol était son dieu. Il suffisait de pro-noncer le nom avec respect : l'encéphalo-gramme de la patronne devenait plat et on obtenait tout d'elle. Julien s'était renseigné auprès de Petiot.

– Qu'est-ce que c'est, une thèse ?

Le chef magasinier avait haussé les épaules.

– On se demande ce que l'école vous ap-prend !

Mais Julien l'avait vu se ruer sur le dic-tionnaire.

« Si jamais la Thèse touche la main de Noémie, je lui casse la gueule, » ruminait Julien, du haut de son perchoir.

Il observait les manœuvres de l'Einstein des lettres. Sa main gauche, sous prétexte d'échanger les liasses de documents, ram-pait vers la main droite de Noémie. Depuis des semaines, thèse ou pas thèse, l'Étudiant errait dans la bibliothèque. La prise de notes ne fatiguait pas son poignet !

– Louche ! décréta Julien. Il installa aussitôt l'Étudiant en tête de la liste des suspects du meurtre de Marie Bizingre. Suivait « le fou » et la liste était close.

Oui, mais.

Mais Noémie Sarlanpol ne l'avait toujours pas regardé.

Julien sentit l'amour-passion fondre soudain sur lui, comme…

… un aigle sur sa proie ?

… la tornade sur le frêle esquif ?

… la soif sur le bédouin sans outre ?

Aucune expression ne définira jamais l'amour.

Bref, l'amour fondait. Et Julien réalisait que les filles d'avant Noémie et les filles d'après Noémie étaient et seraient fades.

Noémie qui se levait, justement, et déposait une demande de documents auprès de Jean Petiot.

Jean Petiot. Encore un protégé de madame la Conservatrice. Il adore Madame. Lorsqu'elle approche du comptoir de marbre derrière lequel il se tient en permanence, il ouvre des yeux de pleine lune. Il travaille depuis si longtemps ici qu'il a pris la teinte des pierres de l'église gothique. Il refuse de partir en retraite avant Madame.

Donc, le chef magasinier écrivit les références des documents et tira les cordelettes. Julien déchiffra le panneau. SAR 132/B.

Il oublia l'index impératif de Petiot qui montrait le comptoir où la liasse devrait être déposée. Là et non auprès de Noémie. Julien s'élança dans la galerie. Le parquet et les rayonnages branlaient sous ses pas. En bas, les têtes se relevèrent. Les yeux étaient furibards et les stylos à l'agonie.

L'amour donne des ailes. En moins de dix minutes, Julien déboulait dans la salle Pompadour, contournait l'emplacement du cadavre de Marie Bizingre, escaladait l'échelle accédant au rayon 13/B, extirpait le dossier ad hoc, sprintait jusqu'à l'escalier à vis, repoussait trois portes de deux cents kilos chacune, empruntait deux couloirs humides, dérapait sur la pierre tombale du père Le Compasseur, jésuite de sainte mémoire, freinait près de la chaise de Noémie, s'intercalait entre la jeune fille et l'étudiant louche.

— Voici, mademoiselle, expira-t-il.
— Merci.

Ah non ! Pas cette fois ! Il ne faut pas exagérer ! explosait Julien, pendant qu'un essai de sourire coinçait ses zygomatiques. Même un lévrier n'aurait pas fait *ça* pour obtenir *ça*.

Noémie considérait obstinément son stylo. Julien considérait obstinément Noémie. Il sombrait dans un état hypnotique proche de la stupidité. Le pull d'angora blanc, brodé d'oiseaux tropicaux, s'étalait en cinémascope sur ses rétines.

— Merci... merci beaucoup, répéta Noémie.

Aucune fille n'avait essayé avec Julien le coup de l'indifférence. Il se sentit malheureux. Vaincu. Un « à quoi bon » pour la vie. À quoi bon la mer de Chine ou n'importe quoi d'autre s'il ne parvenait pas à conquérir Noémie ? Sa voix s'effondra au fur et à mesure qu'il parlait.

— Je suis dans la galerie, là-haut... En cas de besoin, n'hésitez pas... De toute façon, je ne sers pas à grand-chose... ça m'occupera d'aller chercher vos dossiers... Je m'appelle Julien...

Prononcer son propre nom lui redonna un peu de dignité. Et le goût de la vengeance. Il poursuivit :

– Les romans de Sarlanpol ne m'emballent pas. Je lis trente ou quarante pages et j'abandonne.

Mensonge et mesquinerie. Julien n'avait pas lu une ligne de Sarlanpol. Se conduire ainsi n'était pas dans son caractère. Il voulut se racheter et égrena les mots qui se présentèrent à lui.

– Je ne cesse pas de vous regarder, de là-haut.

Il devint cramoisi. Opta pour la retraite et s'enfuit vers son perchoir. Il ne vit pas Noémie qui le regardait enfin et souriait. Pas plus qu'il ne vit l'Étudiant se pencher :

– Il est gonflé, celui-là ! La municipalité embauche vraiment n'importe qui.

– Vous ai-je demandé votre avis ? rétorqua Noémie.

Elle était furieuse. Contre son insupportable voisin de table, certes, mais surtout contre elle-même, contre cette timidité qui étranglait ses sentiments. Elle avait repéré Julien, entre deux pluies de cheveux. Senti les yeux du garçon posés sur sa nuque. Éprouvé un délicieux pincement chaque fois qu'il surgissait près de sa chaise, au moindre prétexte.

Pensive et déçue, Noémie défit la liasse SAR 132/B.

Pensif et déçu, Julien enfila la blouse qu'il avait ôtée avant de se lancer à la recherche du dossier SAR 132/B.

Ainsi va la vie, qui écarte souvent les êtres faits pour se rencontrer. Il est réconfortant de noter ici et tout de suite que l'amour de ces deux-là triomphera.

Pensif et déçu (par la tournure de l'enquête), Landru s'encadra dans la porte qui donnait sur la galerie, au moment où Julien boutonnait le dernier bouton. Le commissaire tombait mal.

– Vous me faites marrer avec votre crise cardiaque ! lança Julien.

Il est temps de rejoindre l'Étudiant. De lui donner un nom. Il est inconcevable qu'il traverse ce récit sous la seule appellation – si impersonnelle – d'Étudiant. Ou sous la dénomination – quasi diffamatoire – d'Einstein des lettres.

À vingt-cinq ans, Cyril Hajard figurait déjà parmi les escrocs les plus prometteurs de sa génération. D'étudiant, il n'avait que les apparences. Il possédait néanmoins un nombre impressionnant de cartes, certificats, faux diplômes, attestations, paraphés par les doyens des plus honorables universités françaises. Ces documents lui permettaient de s'introduire dans des cercles intellectuels très divers. Ensuite, ses talents de beau parleur, son physique exceptionnel et son sourire blindé lui ouvraient toutes les portes.

Cyril Hajard hantait les couloirs de la bibliothèque Pierre Louis Sarlanpol depuis plusieurs mois. Il venait d'obtenir le droit de se rendre, non accompagné, dans la salle Pompadour. Victoire aisée. Des compliments sucrés à la mémoire de Sarlanpol, la perspective d'une thèse glorifiant encore l'écrivain, le tout saupoudré de quelques sourires ravageurs. Madame la Conservatrice avait succombé. Cependant, s'il est banal d'admettre que :

l'avare flaire l'argent,
le chacal la charogne,
le cheval l'écurie (etc.)...

Que flaire donc Cyril Hajard à la bibliothèque Pierre Louis Sarlanpol ?

Pour le comprendre, transportons-nous cinq mois plus tôt, dans un bar mal éclairé, situé au bord d'une rivière malodorante, qui traverse un quartier mal famé de la ville. Écoutons-y l'Étudiant. Il converse avec un autre individu, à la mine forcément patibulaire.

– Il me faut du fric !

– T'as de la camelote à me fourguer ?

– Peut-être si tu as des emmanches avec des collectionneurs.

– J'ai des emmanches partout. J't'écoute.

Fin du dialogue. La suite n'est que cuisine de malfrats.

Depuis cette rencontre, Cyril Hajard volait les livres de la bibliothèque Pierre Louis Sarlanpol. Il s'appliquait, mais sa nouvelle activité, menée à petite échelle (les yeux radars d'Hélène Brelot !) rapportait trop peu. L'Étudiant avait les appétits d'un Al Capone de province. Il se proposait de frapper un grand coup. Il volerait la Bible d'Étienne Harding, manuscrit des moines de l'abbaye de Cîteaux, copié sur parchemin à un siècle suffisamment lointain pour qu'il puisse en tirer une petite fortune.

Oui, mais… manuscrits, estampes et incunables étaient mis sous clé. Le coffre aux trésors, de marque Fichet, avait la taille d'une cuisine de HLM. Il était dans la salle Pompadour. Un coffre si antique

et si ridicule qu'il datait sûrement du
XVIIe siècle !

Une chambre forte, malgré tout.

Oui, mais... Cyril Hajard, muni d'une
autorisation dûment signée, croisait dans
les parages de la salle Pompadour. Il attendait qu'Hélène Brelot oublie de refermer la
porte du Fichet. Ce qui se produisait. Il
l'avait appris en distribuant quelques-uns
de ses sourires brevetés.

En attendant le jour J, et parce qu'il n'aimait pas rester sans rien faire, Cyril Hajard
volait des lettres de Pierre Louis Sarlanpol.
Il en tirait quelques sous. Qui s'apercevrait
du larcin, tant il semblait que l'écrivain
avait noyé la France entière sous un dé-
luge de courrier ?

Cour d'assises : acte III

> *Il entend chat*
> *Sans qu'on dise minon.*

> *PROVERBE ANCIEN.*

– *Jean Petiot, magasinier-chef de pre-
mière catégorie à la bibliothèque Pierre
Louis Sarlanpol. Je jure de dire la vérité...*
– *Je voudrais que nous éclaircissions*

cette histoire de souris. Monsieur Petiot, est-il exact que le personnel de la bibliothèque découvrait presque chaque jour des corps de souris mutilés ?

— Bof...

— Répondez, je vous prie.

— C'est exagéré de dire ça, monsieur le Président.

— Pourtant, Julien Mottet affirme avoir été témoin de plusieurs cas.

— Oh, celui-là... Un fainéant que Madame employait par gentillesse. Avec ses cheveux de voyou...

— Le tribunal vous dispense de vos appréciations. Tenez-vous en aux faits. Avez-vous vu de tels cadavres coupés menu ?

— Menu... menu... une souris, c'est déjà pas bien gros...

(Rires. Le président retire ses lunettes. Fixe le témoin.)

— Oui... bon... oui... Une ou deux fois, j'ai aperçu une ou deux souris coupées en un ou deux morceaux...

(Rires.)

— Pensiez-vous qu'Hélène Brelot puisse être responsable de ce carnage ?

— Sûrement pas ! Madame est incapable d'une pareille chose. Elle est si bonne.

– Elle détestait cependant les souris.

– Monsieur le Président, la souris est à la bibliothèque ce que l'iceberg est au Titanic.

– Bon... bon... Donc, vous ne songiez pas à Hélène Brelot. Qui relevait les pièges ?

– Le fou... Briquiti, quoi... Mais ce n'est pas lui... Il paraît bizarre comme ça, mais c'est quelqu'un de très doux.

(Rires. Le public regarde l'œil poché de Maître Lourdel.)

– Monsieur l'Avocat général, à votre tour d'interroger le témoin.

– Monsieur Petiot... Vous aimez beaucoup Hélène Brelot, je crois ?

– Tout le monde aime Madame.

– Vous la croyez incapable de violence à l'égard de souris ou de tout être vivant. Mais n'est-ce pas vous qui avez raconté à un de vos collègues que vous aviez entendu Hélène Brelot encourager un de ses chats qui attrapait une souris. Selon votre récit, elle criait : «Vas-y mon Zola chéri, fais-la danser, étripe cette saloperie de bestiole, bouffe-moi ça jusqu'au trognon. » Paroles d'une surprenante vulgarité, dans la bouche de l'accusée, je vous l'accorde, mais elle ne vous avait pas entendu entrer.

– Je ne me souviens pas. Mon collègue a inventé...

(L'avocat général se détourne. Un silence. Il poursuit l'interrogatoire en parlant très bas et sans regarder le témoin.)

– Qui vous a embauché à la bibliothèque Pierre Louis Sarlanpol ?

– Madame.

– Quel était votre emploi, auparavant ?

– ...

– Répondez à ma question.

– Chômeur.

– Je n'ai pas d'autres questions, monsieur le Président.

– Je suis technicien chez Fichet depuis vingt-cinq ans. Je connais tous les modèles de coffres installés par notre société.

– Le coffre-fort de la bibliothèque Pierre Louis Sarlanpol était-il particulier ?

– Oh oui ! C'était une antiquité ! Ce modèle ne se fabrique plus depuis des décennies. Il était destiné aux petites banques et leur servait de chambre forte.

– Le système de protection était-il efficace ?

– En toute honnêteté, monsieur le Président... non. Notre société a abandonné la *fabrication de ce type de coffre, d'ailleurs trop massif, pour cette raison.*

– Une autre personne que l'accusée, seule à posséder les clefs, aurait pu l'ouvrir ?

– Oui, monsieur le Président. Une clé trafiquée à partir d'une empreinte de serrure faisait l'affaire. Le blindage n'était là que pour impressionner.

– La fermeture ?

– Encore plus simple. Il suffisait de claquer la porte.

Vendredi, 14 h 12.

Noémie triturait les feuillets. Elle triait, tournait et retournait les notes, les lettres, les pages de manuscrits, cette infinité de minuscules signes noirs éparpillés par le stylo de son grand-père. Une folie qui n'en finissait pas et s'étalait là, sous ses yeux, dossier après dossier. Noémie s'énervait devant ce travail de Sisyphe. Dérangeait les pages avec bruit et le plus petit bruit, ici, retentissait comme dans une église. Ce qui était la moindre des choses.

Six personnes se trouvaient près d'elle. Il y avait l'Étudiant qui étudiait beaucoup Noémie. Entre deux sourires de macho italien draguant sur la plage, il compulsait quelques ouvrages de Sarlanpol. Lisait le journal aussi. Il avait tenté sa chance. Sa main, dont l'annulaire se bosselait d'une chevalière tapageuse, s'était aventurée à la rencontre de la main de Noémie. Le tome trois de l'*Encyclopaedia Universalis* avait chu sur le petit doigt de l'Étudiant.

– Je ne vous ai pas fait mal, j'espère ? avait dit Noémie. Son vaste sourire espérait au contraire des os en bouillie. L'autre avait beuglé des hurlements muets pendant que des éclairs de haine fêlaient ses yeux bleus.

Les cinq chercheurs, quant à eux, n'en revenaient pas de côtoyer, jour après jour, la petite-fille de leur idole. Le nom de Sarlanpol les raidissait dans l'extase. Impossible pour Noémie de lever la tête sans rencontrer un sourire amical, un signe de la main ou des chuchotements admiratifs.

– Mademoiselle Sarlanpol, votre grand-père...

La voix se brouillait et chutait dans les délices de l'émotion. Pourtant, Noémie insistait.

– Monsieur Lagera, mon grand-père est

mort lorsque j'avais sept ans. Je l'ai à peine connu...

Rien n'y faisait. L'auréole Sarlanpol était indestructible. M. Prieur l'avait même invitée à dîner.

– Si j'osais, mademoiselle Sarlanpol. Ce soir... oui, ce soir...

C'était un exquis vieux monsieur qui n'avait pas dû oser grand-chose au cours de sa vie. Noémie avait accepté l'invitation. Depuis l'extraordinaire dîner aux chandelles, le regard de M. Prieur débordait d'une humble reconnaissance. Il se souviendrait toujours de ce coq aux morilles qu'il n'avait pas touché, des bulles du champagne d'où s'échappait un bonheur si pur, de la robe de satin vert qui lui donnait envie de pleurer. Noémie avait passé une délicieuse soirée. Le vieil homme avait su oublier Pierre Louis Sarlanpol. Il avait raconté son enfance à Saïgon.

Un seul coup d'œil d'un des chercheurs et Noémie oubliait les aveux qui se pressaient sur ses lèvres.

« Je déteste le romancier qu'est mon grand-père. Ses livres sont de la bouillie pour kiosque de gare. Moi, je serai écrivain. Un véritable écrivain. »

Elle ne le disait pas, par crainte de faire mourir de déception un des vieillards. Peut-être aussi parce qu'il était difficile d'admettre la suite.

« L'ombre de mon grand-père m'est insupportable. Je suis lasse d'être la petite-fille de Pierre Louis Sarlanpol. Sa gloire me paralyse. M'empêche d'écrire une ligne. Je ne veux pas qu'on me compare à lui. »

Noémie levait donc rarement la tête. Elle acceptait que le regard de Julien pèse sur sa nuque, mais ne se détournait pas de sa tâche. Sa passivité était un aveu. Elle avait aimé instantanément ce garçon audacieux qui osait clamer que Pierre Louis Sarlanpol le laissait froid. Et, ce qui ne gâtait rien, un garçon qui rougissait en approchant de la chaise de Noémie. Il approchait souvent, puisqu'elle multipliait les demandes de dossiers. Elle dédaignait le chef magasinier, tendait une feuille à Julien, sur laquelle elle inscrivait en grosses lettres des messages idiots. SAR 133/B. SAR 145/C.

Messages codés. Julien comprenait-il que SAR 133/B était une lettre d'amour ?

Noémie prenait des résolutions.

« La prochaine fois, je lui parle. »

72

Mais elle se taisait. C'était si difficile d'être amoureux avec des mots.

Le lecteur parvenu jusque-là s'interroge. Que fait donc Noémie à la bibliothèque Pierre Louis Sarlanpol ? Une partie de la réponse figure à la page de garde d'un roman de son grand-père. Le livre, posé près de la jeune fille, est une énigme qui la tracasse. Qui la bouleverse aussi, quoi que Noémie s'efforce de penser de son encombrant aïeul.

Les doigts pétale de rose entrouvrent le roman. Laissent couler les feuillets. Retiennent la première page. Le visage de Noémie se tend. Les paupières s'abaissent, mais les lèvres palpitent au-dessus de la dédicace :

« À Noémie, ma douce chérie,

Mon dernier roman, au titre si prophétique. Bientôt, ma Noémie, je m'en irai. Tu n'auras pas connu ton grand-père. Pas assez. Je t'aime. Tu es la douce petite fille à qui j'aurais aimé raconter plus longtemps des histoires.

Au moment de partir, ma Noémie, je dois te confier quelque chose de grave. Je le fais dans ces feuillets que je glisse entre les pages de *Au revoir et merci pour tout,* mon dernier livre. Quand tu auras l'âge de comprendre *Au revoir et merci pour tout,* tu auras l'âge de comprendre ma lettre. Et de lire toutes mes lettres, toutes ces lettres écrites au cours de ma vie. Je souhaite que tu les lises. Si tu désires connaître ton véritable grand-père, je t'en prie, lis mes lettres. Elles disent tout de moi.

Adieu, ma douce chérie.

Ton grand-père. Pierre Louis. »

Noémie détestait aussi son grand-père pour ce message d'outre-tombe qui l'abandonnait si près des larmes. Il était mort peu après. Au cours de sa onzième année, Noémie avait lu les romans de Pierre Louis. Depuis, la dédicace de *Au revoir et merci pour tout* l'obsédait.

À quoi rimait cette énigme ? Procédé d'auteur prisonnier de ses intrigues au point de monter un dernier scénario avant de disparaître ? La mystérieuse lettre correspondait bien aux ingrédients habituels des romans de son grand-père. Se trouvait-elle ici, à la bibliothèque, page parmi les pages du fonds Sarlanpol ? Les parents de Noémie n'avaient pas finassé ! Le moindre bout de papier, griffonné de trois mots de l'homme illustre, avait été légué à la bibliothèque. Sous prétexte d'observer les dernières volontés de l'écrivain, ils avaient montré un empressement suspect à se débarrasser de tout, sans y jeter un coup d'œil. Ne les intéressaient que les faramineux droits d'auteur de Pierre Louis. Avec lesquels ils faisaient le tour du monde, de palace en palace, sous prétexte de « propager la langue et la culture française ».

– Ton grand-père me détestait ! décrétait Paula, la mère de Noémie, quand le sujet était abordé.

Elle changeait de conversation parce qu'elle était incapable de dissimuler sa confusion. Chacun savait dans la famille que son beau-père détestait surtout les appétits de nouveau riche de sa belle-fille et qu'il s'était montré très pingre afin de les freiner.

Noémie avait attendu que le fonds Pierre Louis Sarlanpol soit ouvert. Dix ans. Noémie était obstinée. Elle s'acharnait à découvrir l'ultime message de son grand-père. Et, du même coup, faisait vraiment sa connaissance. Il écrivait de belles lettres et en recevait d'émouvantes. Noémie s'expliquait mal le souhait qu'il avait émis, à la veille de sa mort, que toute sa correspondance soit ainsi rassemblée à la bibliothèque. Mais c'était une bonne idée. Noémie préférait la tendresse des lettres de Pierre Louis aux romans artificiels de Sarlanpol.

Elle referma lentement la couverture de *Au revoir et merci pour tout*. La mise en scène impudique du dernier message d'amour d'un grand-père quasi inconnu la troublait. Noémie voyait là une raison supplémentaire de jurer ses grands dieux qu'elle le détestait. Elle s'efforça de refouler le flou du passé qui surgissait. La jupe de lainage noir de madame la Conservatrice tanguait dans l'allée. Noémie était certaine qu'Hélène Brelot venait vers elle. Depuis le jour de l'inauguration, la conservatrice de la bibliothèque Pierre Louis Sarlanpol était pleine de prévenances.

Vendredi, 15 h 37.

Cyril Hajard regardait Hélène Brelot s'approcher. Il en éprouvait de la satisfaction. Il espérait que la présence de la conservatrice étoufferait la colère qui lui nouait les tripes. Que se figurait la pimbêche ? Il s'en tapait de Noémie Sarlanpol ! De son grand-père ! De tous ces crânes d'œuf penchés sur l'ŒUVRE de l'ILLUSTRE ! La fille était un divertissement. Une occupation comme une autre, pendant ces heures longuettes, le cul talé par des chaises de supplice. Et Sarlanpol, il s'en tapait aussi ! Il n'en avait lu que quelques pages, juste de quoi en parler afin d'étayer son mobile de thésard. Sarlanpol n'offrait que deux avantages :

Primo : il constituait l'alibi donnant accès à la salle Pompadour, donc à la chambre forte.

Secundo : quelques-unes de ses lettres, cédées à vil prix, payaient la chambre de bonne que Cyril Hajard louait dans un quartier mal famé etc. etc.(pour une description des quartiers louches, lire les auteurs spécialisés, tel Dickens).

Donc, Cyril Hajard accueillit Hélène Brelot avec un large sourire. Trop large. (Il devrait se surveiller. Son sourire giclait trop vite. Plusieurs fois, son orchidée pâle de voisine l'avait dévisagé en singeant son attitude.)

– Ça va, monsieur Hajard ?

– Merveilleusement, oui, merveilleusement, minauda l'Étudiant qui songeait

« non, ça ne va pas, rombière de cata-
logue. Tu te décides à l'ouvrir, ton foutu
coffre ? »

– Parfait, parfait.

Hélène Brelot se tournait déjà vers la
fille. Cyril Hajard se sentit incapable de
l'entendre pérorer sur l'œuvre du Grand
Homme, pendant que les cinq cous des
chercheurs se tendraient comme ceux de
poulets au moment de la pâtée. Il inter-
vint :

– La bibliothèque ferme dans vingt minutes et j'ai assez travaillé. Je reporte les
dossiers dans la salle…

– Donnez-les à Julien, c'est son rôle.

– Non… non… Je compulserai un peu
le fonds afin d'établir mon choix pour
lundi.

Hélène Brelot se pencha. Cyril Hajard
perçut le parfum de cannelle que déga-
geait la chevelure rousse. La proximité de
la conservatrice gênait l'Étudiant. Il n'aimait pas cette façon qu'elle avait de plan-
ter ses yeux gris dans les vôtres. Elle
semblait évaluer vos facultés intellec-
tuelles. Hélène Brelot murmura, comme
pour une confidence intime :

– Monsieur Hajard, auriez-vous l'amabilité de me dire, à votre retour, si j'ai refermé la porte du Fichet ? Les événements de ces derniers jours me font perdre la tête.

Les yeux de Cyril Hajard s'illuminèrent d'une telle espérance qu'il craignit que le mot « jackpot » n'y clignote, en lettres rouges. « Tu ne perds pas assez la tête à mon goût, sorcière d'encrier, se dit-il. Je poireaute depuis des siècles dans ton confessionnal à jésuites ! » Mais il répondit :

– Je n'y manquerai pas, chère madame.

Il déballa son sourire zippé puis tourna le dos sans plus de manières. L'impatience le titillait.

Si Cyril Hajard ne courut pas dans les couloirs ni dans les escaliers ni dans la salle des Écus (qu'il traversa cependant au pas de charge), c'est parce qu'il avait brisé la talonnette d'une de ses chaussures. La malignité des objets aux moments cruciaux est insensée.

Quoi qu'il en soit, il atteignit enfin la salle Pompadour et discerna l'ombre du coffre. Cyril Hajard pressa l'interrupteur. Panne d'électricité.

Encore.

Une nouvelle défaillance de l'installation électrique, au même endroit, aurait éveillé les soupçons de n'importe qui. Elle n'éveilla pas ceux de Cyril Hajard dont l'imagination s'employait exclusivement à transformer la Bible d'Étienne Harding en billets de banque. Il s'approcha de la chambre forte. La porte, grande ouverte, livrait les trésors de la bibliothèque Pierre Louis Sarlanpol à Cyril Ali Baba, sans qu'il eût à prononcer la moindre formule.

À 15 h 57, l'Étudiant pénétra dans la chambre forte Fichet, modèle 1912. Quinze secondes plus tard, la porte blindée claquait dans son dos.

Cyril Hajard hurla.

– Déconnez pas, il y a quelqu'un !

Les couloirs étaient déserts et le blindage épais. La voix assourdie résonnait comme une corne de brume. Deux chats filèrent, poils hérissés. Trois minutes encore et les lumières s'éteignaient à la bibliothèque Pierre Louis Sarlanpol. Le week-end commençait. Cyril Hajard entamait le dernier week-end de sa vie. Et le plus long.

CHAPITRE 3

Ne donne pas ta langue au chat
Jamais il ne te la rendra
Et sans langue tu resteras
Et patati et patata.

COMPTINE.

Cour d'assises : acte IV.

– *Vous dites à plusieurs reprises, au cours de vos dépositions, que vous arriviez tôt à la bibliothèque Pierre Louis Sarlanpol. Est-ce par goût du travail ou le fruit du hasard ?*

– *Le travail ? Ah, non ! À l'époque, je détestais les bouquins, je n'en lisais pas un seul. J'arrivais en avance parce que j'espérais rencontrer Noémie et lui parler avant qu'elle ne s'installe. Noémie ne ressemblait pas aux autres filles, elle...*

– *Monsieur Mottet, je crois que la cour a compris vos sentiments... Venons-en aux* faits, voulez-vous ? *Le lundi 8 novembre, vous entrez dans la bibliothèque à 8 h 45 environ. Vous êtes seul.*

– Non, monsieur le Président, il y a les chats.

(Rires.)

– *Dispensez la cour de vos plaisanteries. Nous jugeons une affaire de meurtres !*

– Pourtant, c'est vrai, monsieur le Président. Une dizaine de chats noirs couchés sur le sol du vestiaire, ça se remarque ! Surtout qu'ils miaulaient. Ils n'avaient rien mangé depuis deux jours et je me souviens qu'ils m'observaient comme si j'étais une boîte de pâtée.

Dans son box, Hélène Brelot se lève. Sa voix vacille. Elle dit :

– Vous mentez !

Le président n'intervient pas. L'accusée n'a pas prononcé un mot jusque-là. Hélène Brelot se rassied en murmurant :

– Vous mentez, Julien. Je donnais toujours à manger à mes chats.

(Murmures. Le président rétablit l'ordre.)

– Monsieur le Président, ce sont les chats qui m'ont mis sur la piste.

– *Expliquez-vous.*

– Ils me suivaient partout pendant que

j'ouvrais les portes. Ils espéraient sûrement que je leur distribuerais la pâtée. Dans la salle Pompadour, Proust, Queneau et Victor Hugo miaulaient en tournant autour du coffre...

– Pardon ?

– La patronne nommait ainsi trois gros chats qu'elle n'aimait pas. Bref, ils s'excitaient, il y en a même un qui grattait la porte de la chambre forte.

– Qu'avez-vous fait ?

– Rien, pardi. J'ignorais pourquoi ils menaient un tel barouf près du Fichet. Un peu plus tard, quand la patronne est arrivée...

– Dites l'accusée ou Hélène Brelot.

– Quand Hélène Brelot, la patronne, est arrivée, monsieur le Président, je lui ai dit que des souris devaient être enfermées dans le coffre, vu le micmac des chats.

– Comment l'accusée a-t-elle réagi ?

– Elle m'a scié, monsieur le Président ! Je m'en souviens comme si c'était hier. Une rage insensée s'est emparée d'elle. Elle a balancé son parapluie et son imperméable dans un coin du vestiaire, a crié « Nom de Dieu de nom de Dieu »...

– Vous êtes sûr ?

– Absolument. Ensuite, elle m'a poussé

dans le couloir en parlant sur le même ton. Je répète, assez fidèlement : « Julien, suivez-moi. Que ces saletés de bestioles aient touché à une seule page d'un de mes trésors, et je les écrabouille os par os. »

– Donc, selon vous, l'accusée n'a pas hésité à se rendre auprès du coffre et à l'ouvrir ?

– Pas du tout, monsieur le Président. Au contraire, elle fonçait vers le Fichet comme si elle avait rendez-vous avec Pierre Louis Sarlanpol en personne.

– Qu'est-il arrivé ?

– Dans un couloir, elle a raflé une chatte qui traînait. Je me souviens qu'elle a dit : «Viens ma petite Duras, et tâche de n'en faire qu'une bouchée. » Elle voulait l'enfermer avec les souris, dans la chambre forte.

– Ensuite ?

– Une fois dans la salle Pompadour, elle a ouvert le coffre. Je me disais, en voyant son air féroce, que les souris passeraient un sale quart d'heure…

(Quelques rires.)

– Mais c'était Cyril Hajard qui avait passé un sale quart d'heure, et même un sale week-end. Quand la patronne a ouvert le Fichet, il lui est tombé raide mort dans les bras.

(Le témoin se tait. Le président toussote.)

– Julien Mottet, décrivez précisément à la cour la conduite de l'accusée.

– Elle m'a scié une seconde fois, monsieur le Président. Elle a repoussé le cadavre de Cyril Hajard à l'intérieur du coffre. Puis, elle a épousseté son tailleur et a murmuré : « Dieu merci, ce n'était pas des souris. »

Mardi, 9 h.

Paul Landru s'apprêtait, sans gaieté de cœur, à interroger Hélène Brelot. Il se fourrait dans un beau guêpier. Chaque jour apportait sa moisson de désagréments et ceux-ci contrariaient sa vision optimiste de la vie. Le rapport d'autopsie de Marie Bizingre ballottait dans la poche de son imperméable. Empoisonnement par faible dose de cyanure incorporée à de la mort-aux-rats. Information difficile à digérer. Paul Landru préférait la version du journal local : « Terrassée par l'émotion, elle passe de vie à trépas en passant l'aspirateur. »

L'événement à peine digéré, un étudiant mourait asphyxié dans le coffre aux manuscrits. Une main avait refermé la porte alors que l'imprudent était entré dans la chambre forte. Autant dire la main d'un coupable. La version « malencontreux courant d'air » avait les sympathies de Paul Landru, mais il ne proposerait jamais une explication aussi culottée.

Le commissaire peignait l'humanité de couleur rose bonbon. Il admettait difficilement que ses semblables puissent commettre des crimes. Quoique flic, il avait un cœur d'argile. Pour se protéger, il avait décidé que le mal n'existait, la plupart du temps, que dans l'imagination des hommes. Certes, il arrivait que la nature humaine dérape, que des violences se produisent, mais Paul Landru voulait ignorer les bavures du Diable.

Il n'avait pas su résister à l'acharnement familial. Chez les Landru, on était flic de père en fils. Depuis des générations. Son propre père, gardien de la paix, avait balisé le parcours professionnel de son fils unique.

Mais en pénétrant dans la bibliothèque Pierre Louis Sarlanpol, Paul Landru pensait à sa jeune et jolie femme, abandonnée dans les plis de lin bleu des draps bouleversés. Il se sentait malheureux. Perrine lui manquait dès qu'il tournait le coin de leur rue. En outre, il dirigeait une enquête. Il y avait deux morts. Il interrogerait. Soupçonnerait. À la fin, il y aurait un coupable. Le commissaire n'aimait pas ça et le fait qu'il fallait bien gagner sa vie ne lui apportait aucun réconfort.

Suivons Paul Landru à travers le dédale des couloirs menant au bureau d'Hélène Brelot. C'est un homme de taille moyenne, légèrement voûté, à la démarche hésitante. Il est encore jeune, même si quelques cheveux blancs apparaissent ici ou là. Son imperméable, coupe Maigret flairant la piste, est boutonné jusqu'au col. Parfois, une dalle descellée clapote sous les pas de Paul Landru, mais il n'est pas impressionnable. Plutôt curieux, au contraire. S'il osait, il jetterait volontiers un coup d'œil là-dessous, afin de vérifier la présence des jésuites.

Le commissaire s'arrête derrière la porte du bureau de madame la Conservatrice. Un lourd marteau, en forme de patte de chat, l'invite à frapper. Paul Landru hésite. Quelle corvée. Il est intimidé, aussi. Pour la première fois, il sera seul avec Hélène Brelot. Les précédents entretiens – bâclés, il le reconnaît lui-même – se sont déroulés dans la salle de lecture, près des lecteurs qu'exaspéraient leurs chuchotements. Paul Landru lève la patte de chat et la laisse retomber. Il a alors la désagréable impression que la bête entière lui saute à la figure.

– Entrez !

Paul Landru poussa une porte truffée de gonds et de serrures. Un trou d'ombre béait sournoisement devant le commissaire. Il comprit aussitôt qu'ils se montrerait encore moins commissaire que d'habitude et que l'affaire de la bibliothèque Pierre Louis Sarlanpol marquerait la fin de sa carrière de flic. Une puissante odeur de naphtaline émanait du bureau plongé dans la pénombre.

– Avancez sur votre droite, conseilla la voix de madame la Conservatrice. Je suis à vous dans moins d'une minute.

Une lumière glauque transpirait à travers le vitrail d'une rosace gothique, unique ouverture de la chapelle qu'Hélène Brelot utilisait comme pièce de travail. Paul Landru se déplaça entre les piles de livres qui jonchaient le sol. C'était un désordre monstre, qu'il fallait éviter par des slaloms hasardeux, avec l'espoir que tout ne s'effondrerait pas. Hélène Brelot demeurait invisible.

« On se croirait dans la cave d'un alchimiste du Moyen Âge », songea le commissaire, émerveillé. Il croyait tout connaître sur les ambiances d'épouvante, mais celle-ci le stupéfiait. Il observait avec intérêt les ombres qui se mouvaient près de la clé de voûte en ogive. Il supposait des chauves-souris. Paul Landru se trompait. Son imagination débordait côté histoires de vampires, Dracula et tout le bataclan. Il ne s'agissait en fait que de vastes toiles d'araignées que balançait probablement le souffle des anges.

– Je vous en prie, asseyez-vous ! proposa Hélène Brelot.

Le commissaire, d'après la direction de la voix, comprit que madame la Conservatrice était sous son bureau. Il en eut aussitôt confirmation puisqu'elle en jaillit, précédée d'un « merde » sonore que les murs répercutèrent religieusement en plusieurs exemplaires.

– Oh, veuillez excuser ma grossièreté, dit la conservatrice en découvrant Paul Landru. Je me suis pincé un doigt dans un piège à souris. Les maudites bêtes mangent les livres jusque sous mon bureau.

– Il y a des livres sous votre... s'étonna

le commissaire. Il résolut de s'asseoir et d'entamer un dialogue plus en rapport avec sa fonction.

Hélène Brelot se massait le petit doigt. Elle détaillait le commissaire en souriant. Elle le trouvait bel homme malgré son imper ridicule. Paul Landru, sonné dès le début de l'entretien, cherchait, lui, quelle question poser.

Avant de suivre l'interrogatoire, esquissons un portrait de Madame. Pour le lecteur, une conservatrice de bibliothèque n'est autre qu'une bibliothécaire-chef. Ce qu'il traduit peut-être par des images de vieille fille moustachue, avec verrue sur le nez. Eh bien, non ! Stupide caricature concoctée par les ennemis du Livre !

Hélène Brelot est une superbe femme. Même si la soixantaine qui vient a terni sa peau et amaigri son corps d'ancien mannequin. Oui, ancien mannequin posant pour de grands magazines, las des flashes et des dialogues aimables des photographes.

– Lève les bras, coco. La nuque, coco, la nuque. Alanguie, coco, tu dois pouvoir faire ça, non !

Reconversion dare-dare bibliothécaire, École des chartes. Reste du passé un corps fier, au port aristocratique. Un cou long que termine une tête droite qui jamais ne s'abandonne. Des flammes de cheveux roux lèchent les yeux gris pastel.

Madame a peu à peu épousé le métier de bibliothécaire. Pendant ce temps, son mari la quittait peu à peu. Elle s'est à peine aperçue de son départ. La passion des livres remplaçait l'absence de passion amoureuse. Un seul homme a bouleversé le cœur de madame la Conservatrice : Pierre Louis Sarlanpol, bien sûr.

Ajoutons en vrac qu'Hélène Brelot aime les vêtements griffés, le beaujolais, la bicyclette, les chats, les repas dans les grands restaurants, les insectes qu'elle collectionne et épingle dans le nid douillet d'une feutrine noire.

Elle déteste la violence, les mains sales, la vulgarité affichée, les chiens.

Paul Landru entama l'entretien la mort dans l'âme, tant l'innocence nimbait le visage d'Hélène Brelot.

– Pardonnez-moi de vous déranger ainsi, mais d'étranges choses se produisent ici et…

Paul Landru s'interrompit. Hélène Brelot s'était levée et s'approchait du Voltaire dans lequel il se tenait. Durant quelques secondes, le commissaire ne se sentit pas très rassuré. La conservatrice vint s'asseoir, sans plus de façons, sur le bras du fauteuil, contre lui. C'était troublant. Genre d'attitude que ne prévoyait pas le règlement. Pas plus qu'il ne prévoyait les ravages qu'un parfum Chanel n°5 exerce sur un mental masculin. Et encore moins le fait qu'Hélène Brelot s'emparait de sa main qu'elle pressait entre les siennes.

– Quelle horreur, commissaire ! Deux décès en si peu de temps. Je redoute maintenant de travailler seule dans ce bureau. Le destin frappe ma bibliothèque.

– Le destin, je ne sais pas. Un assassin, sûrement.

Hélène Brelot se propulsa hors du Voltaire. Elle exécuta trois virages entre les piles de bouquins, qui la mirent hors de portée.

– Un assassin ? Mon Dieu, que dites-vous là ?

La frayeur plombait sa peau.

– Ah non ! Pas de nouvelle syncope ! s'insurgea Paul Landru. Il s'imaginait mal tapotant les joues de la conservatrice. Il ajouta, très vite :

– Marie Bizingre a été empoisonnée. Quant à Cyril Hajard, il ne s'est pas enfermé tout seul dans la chambre forte, n'est-ce pas ?

– Mon Dieu... Mon Dieu... Quelle époque de violence et de haine, commissaire. Je déteste cet univers-là... si impitoyable, si vulgaire...

– Vous préférez l'univers des pages imprimées, suggéra, finaud, Paul Landru.

Hélène Brelot prit un volume au-dessus d'une pile. Elle le brandit avec la détermination d'un prédicateur tendant la Bible.

– Le livre est l'unique possibilité de s'échapper de « ça ».

Le bras, armé du bouquin, décrivit une courbe violente qui désignait l'Ailleurs tapi au-delà des murs de la bibliothèque. Il revint se placer contre la poitrine de la conservatrice. La main libre se mit à caresser la couverture de l'ouvrage. Les lèvres tentèrent un sourire, sans grand succès. Paul Landru vit le visage d'Hélène Brelot se chiffonner. Les yeux s'exorbitèrent. Ils fixaient un point avec l'insistance d'un laser. Les larmes se déclenchèrent avant que le commissaire n'ait pu réagir.

Interroger une femme s'avérait décidément au-dessus de ses forces. Il résolut d'attendre la fin de cette nouvelle excentricité.

– Pardonnez-moi, commissaire. Je suis dans un état nerveux déplorable… Mais regardez ce qu'elles ont fait !

Hélène Brelot se rapprocha du Voltaire. Elle montrait le coin inférieur du livre où manquait un morceau de la grosseur d'une pièce de monnaie.

– Un Albert Camus dédicacé par l'auteur. Un désastre. Je les tuerai… Je les tuerai toutes.

– Qui tuerez-vous ? demanda Paul Landru en extirpant de sa poche d'imper le carnet dans lequel il notait les dépositions.

– Les souris ! jeta, excédée, Hélène Brelot. Qui voulez-vous que je tue ?

Le stylo du commissaire griffonna. On en venait enfin à l'affaire.

– Parlons justement des souris. Est-ce vous qui les découpez en morceaux ?

Paul Landru rougissait. Son culot l'épouvantait. Voilà qu'il se laissait emporter par sa fonction et se conduisait comme les autres flics. Il essaya de corriger.

– Je dis ça… Une hypothèse… Julien Mottet, dans sa déposition…

Il était mal embarqué. En signe d'amende honorable, il rangea son calepin. Le regard voilé d'Hélène Brelot se tourna vers la rosace. Elle murmura avec indifférence :

– Quand je dis tuer... Les pièges, les chats tueront... ou le poison...

– Le poison qui a provoqué la mort de Marie Bizingre ? hasarda Paul Landru. Qui dépose la poudre ou les appâts empoisonnés ?

Hélène Brelot essuya les traces des larmes séchées. Elle retourna s'asseoir derrière son bureau et continua de parler tout en déplaçant les dossiers qui l'encombraient.

– Pauvre Marie. Je l'aimais beaucoup, vous savez. Elle a eu une existence pleine de déboires et je l'avais sortie du pétrin en l'employant ici. Quel crime bestial. Qui pouvait lui vouloir du mal ? C'est insensé.

– Mais la poudre ? insista le commissaire.

– Voyez M. Petiot, c'est lui qui est chargé des petits travaux.

Paul Landru inspira longuement. Il fallait qu'il le dise. Il se détesta.

– Vous ne maniez pas la mort-aux-rats : je l'admets. Toutefois, le Fichet... le Fichet...

Il grimaça, ferma à demi les yeux.

– Ça ne va pas, commissaire ?

Hélène Brelot apparaissait entre deux monticules de papier. Le sentiment de ridicule aida Paul Landru à poursuivre.

– Vous seule possédez les clés du Fichet, vous ouvrez et refermez la porte blindée. Les employés sont formels : personne d'autre ne touche le coffre. J'aurais donc des raisons de penser que vous avez enfermé Cyril Hajard...

Le rire enjamba le bureau, sauta par-dessus l'écran des paperasses. Il retentissait à l'intérieur de la chapelle des jésuites, comme une cloche à l'heure des matines.

– Commissaire ! Comment pouvez-vous imaginer de telles horreurs ! Moi, enfermant ce charmant jeune homme...

Le rire déferla encore, à la grande stupéfaction de Paul Landru. Malgré sa compréhension charitable des faiblesses humaines, il cherchait en quoi mourir étouffé dans une chambre forte était un tant soit peu comique.

– Vendredi soir, à l'heure de la fermeture, je parlais à Noémie Sarlanpol. Nous avons quitté la bibliothèque ensemble.

Le rire tomba. Une lampe s'alluma, quelque part sur le bureau. Paul Landru découvrit la tête de la conservatrice qui dodelinait en ombre chinoise sur le mur de la chapelle.

– Noémie a effectivement confirmé votre sortie commune, mais…

Au moment d'évoquer les doutes de Noémie quant à la présence continue d'Hélène Brelot, Paul Landru se retint. La conservatrice était l'innocence même, cela se voyait. Cette femme ne s'intéressait qu'aux livres. Elle balaya d'ailleurs ses dernières réticences.

– Vous m'imaginez, commissaire, attirant le pauvre jeune homme dans le coffre ? Le tirant, le poussant, que sais-je ? Une prise de judo, peut-être ?

La honte empourpra les joues de Paul Landru. Il dévia la conversation.

– Vous doutiez-vous que Cyril Hajard volait ? On a retrouvé à son domicile des lettres de Pierre Louis Sarlanpol, le manuscrit original d'une de ses nouvelles et divers autres ouvrages.

La lumière s'éteignit. Le visage d'Hélène Brelot redevint ombre parmi les ombres.

– Vous n'aviez aucun doute sur l'honnêteté de ce personnage ? insista le commissaire.

La tête avait complètement disparu. Paul

Landru s'adressait à une pile de bouquins. La voix parvint de derrière, assourdie.

– Bien fait.

– Qu'est-ce qui est bien fait ?

Il y eut un silence durant lequel Paul Landru se sentit mal à l'aise. Était-il possible que madame la Conservatrice éprouve de la jubilation à l'idée qu'un voleur de papier était cruellement puni ?

– Excusez-moi, commissaire. Je parcourais un rapport que j'ai sous les yeux. Un admirable travail. J'avais un peu perdu le fil de notre entretien et mon commentaire s'appliquait à ce rapport.

Paul Landru se leva. Il n'arriverait à rien. Hélène Brelot vivait ailleurs et autrement que le reste de l'humanité. Les détails sordides de la vie ne la concernaient pas. Il recula vers la sortie en toussotant.

– Vous me quittez, commissaire ? Je suis à votre disposition, vous savez.

Disponibilité qu'Hélène Brelot traduisit en fonçant vers la porte de la chapelle qu'elle maintint grande ouverte.

– Ces ennuis n'avancent guère mon travail...

Paul Landru passa devant la femme. Elle avait une tête de plus que lui. Il se sentait idiot d'être ainsi congédié. C'était lui le flic ! Il devait clouer le bec au témoin, comme dans les polars. Il jeta donc une dernière question, au hasard :

– Vous avez connu Pierre Louis Sarlanpol ?

Qu'elle l'ait connu ou non lui faisait une belle jambe. Paul Landru sortait déjà dans le couloir quand il sentit la poigne brutale d'Hélène Brelot tirer son épaule et l'aspirer à l'intérieur de la chapelle.

– Entrez, commissaire, que nous parlions un peu de l'homme admirable qu'était Pierre Louis Sarlanpol.

L'entretien fut un ouragan pendant lequel Paul Landru comprit ce qu'était la passion. L'amour fou qu'il portait à Perrine n'était qu'une vaguelette comparé au raz de marée qui emportait madame la Conservatrice.

Cour d'assises : acte V

> *Il n'est si petit chat*
> *Qui n'égratigne.*

> *PROVERBE.*

– Julien Mottet, dites-nous pourquoi vous soupçonniez Cyril Hajard de vol ?

– *La découverte de son cartable bourré de lettres ne m'a pas étonné. Mais je ne savais pas l'importance de la fauche, tout ce qui a été trouvé dans son appartement...*

(*Le président s'impatiente.*)

– *Venez-en à vos soupçons, s'il vous plaît.*

– *Je surveillais l'étudiant, monsieur le Président.*

– *Pourquoi ?*

(*Le témoin hésite.*)

– *C'était mon travail.*

– *Allons donc ! Vous avez déclaré précé-demment – je vous cite : « Je m'ennuyais là-haut. Il n'était pas question que je joue au flic, comme l'espérait le chef magasi-nier. »*

– *Il ne me plaisait pas, monsieur le Président. Il s'asseyait à côté de Noémie... Moi, je regardais Noémie, alors forcément, je le voyais...*

– *Comment se comportait-il ?*

– *Un sale type, monsieur le Président, avec un sourire de boîte de conserve mal ouverte et des mains baladeuses...*

– *Un peu de retenue, monsieur Mottet. Je vous rappelle que Cyril Hajard a été assas-siné.*

– *Bref, j'observais son manège... Je*

constatais qu'il fourrait des documents dans son cartable.

– Pourquoi n'avoir pas averti la conservatrice ou le chef magasinier ?

– Je ne suis pas flic, monsieur le Président.

(Murmures indignés. Le président se frotte les yeux avec lassitude.)

– Ah oui, j'oubliais votre credo : surtout pas flic ! Une conduite très légère, et si vous aviez informé vos supérieurs...

– Mais je savais que la patronne se doutait de tout ! Elle surveillait la bibliothèque, et particulièrement la donation Sarlanpol, mieux qu'une poule ne veille sa couvée. D'ailleurs, la suite l'a prouvé. J'ai pensé que si la patronne n'intervenait pas, c'était pour des motifs précis qui ne me regardaient pas. En plus, je le répète : à l'époque, je me fichais des bouquins, de toutes ces paperasses. Maintenant, c'est différent parce que Noémie m'aime, je l'aime et elle...

(Le président sourit. La salle s'agite.)

– Bon, bon... La cour sait tout ça. Maître Lourdel, si vous désirez interroger le témoin...

– Combien faut-il de temps pour se

rendre dans la salle Pompadour, fermer la chambre forte, revenir ?

– Cinq minutes, monsieur le Président.

– Commissaire, était-il possible qu'Hélène Brelot parcoure deux cents mètres de couloir, puis...

– L'accusée a une démarche dynamique... de grandes jambes aussi... Elle pouvait mettre moins de temps encore.

– Pourtant, fermer la lourde porte du Fichet...

– Il suffit de la pousser, la serrure s'enclenche automatiquement. La porte est très lourde, mais les gonds avaient été graissés la veille.

(Murmures indignés.)

– Commissaire, je lis dans votre rapport d'enquête : « Madame la Conservatrice ne semblait pas s'attrister de la mort de Cyril Hajard. Quand j'évoquai le rôle qu'elle aurait pu tenir dans ce meurtre, elle se mit à rire. Apprenant les vols commis par la victime, elle eut même une réplique étrange. Elle déclara : "Bien fait". Je ne compris que quelques jours plus tard qu'il s'agissait peut-être d'un cri de vengeance. »

(Bruits dans la salle. Un « sorcière » est lancé d'un banc du fond. Le maillet claque.)

– *Monsieur le Commissaire, est-ce ce mot « bien fait » qui vous a enfin conduit à suspecter Hélène Brelot ?*

– *Pas seulement, monsieur le Président. Non... non, en fait, elle me dévoila au cours du même entretien qu'elle avait aimé Pierre Louis Sarlanpol. Une liaison passionnée et secrète, plus intellectuelle que charnelle, me semble-t-il...*

(Le silence est absolu.)

Paul Landru raconte la passion qui unissait cette femme à cet homme. Transportons-nous pudiquement à la fin de l'interrogatoire :

– *... L'accusée continuait à aimer profondément Pierre Louis Sarlanpol. Un amour qui s'accomplissait au travers de son œuvre, devenue sa chose. Hélène Brelot était convaincue que la donation Sarlanpol, à SA bibliothèque, était en réalité une preuve d'amour au-delà de la mort. Sarlanpol se donnait à elle, en quelque sorte. Cette confession me mit sur la voie lorsque je réalisai que les deux victimes avaient, d'une manière ou d'une autre, un rapport avec l'œuvre de Pierre Louis Sarlanpol.*

– *Mademoiselle Sarlanpol, décrivez préci-*

sément les faits et gestes de l'accusée, ce soir-là.

– Je ne me souviens plus, monsieur le Président. Il y a si longtemps.

– Trois jours après la mort de Cyril Hajard, vous avez déclaré à l'inspecteur de police qui vous interrogeait : «Vendredi, avant la fermeture de la bibliothèque, je parlais avec la conservatrice et la victime. M. Hajard nous a quittées, mais nous avons poursuivi notre conversation. »

– Oui, monsieur le Président, Hélène Brelot était sans cesse sur mon dos. Elle voulait que je parle de mon grand-père, la moindre confidence la captivait.

– Êtes-vous certaine que ce vendredi soir l'accusée ne s'est pas absentée durant quelques minutes, avant de quitter la bibliothèque en votre compagnie ?

(Le témoin se tait.)

– Mademoiselle Sarlanpol, la cour comprend votre retenue. Elle exige néanmoins une réponse.

– Non... Non, je n'en suis pas certaine. Il est possible qu'elle se soit éloignée un bref instant, pendant que je rangeais mes affaires ou que je récupérais mon manteau... Quand je pense qu'elle se montrait aimable *mais qu'elle me détestait, qu'elle voulait me tuer...*

(Le témoin éclate en sanglots. Le président suspend l'audience.)

Jeudi, 9 h 30.

Il est temps de rejoindre Gaétan Prieur, l'un des cinq universitaires attelés à la rédaction d'une plaquette commémorative à la gloire de Pierre Louis.

Gaétan a trouvé refuge dans la tribune, auprès de Julien. Plus précisément, dans un recoin caché, sorte de placard à balais. Fumeur aux doigts jaunis de nicotine, Gaétan Prieur s'offre une pause cancer toutes les deux heures. Il préférerait fumer à l'extérieur de la bibliothèque, mais le froid l'en dissuade. Julien, compréhensif, a proposé le réduit. Gaétan s'y enferme, le temps de carboniser une cigarette, à grandes bouffées inquiètes, entre l'odeur de moisi des serpillières et celle des déjections de chats.

– Si madame la Conservatrice me découvrait ? s'affole Gaétan, dont les aspirations deviennent de plus en plus frénétiques.

Un nuage bleuté s'infiltre sous la porte.

Mais jusqu'à présent, il n'a pas encore déclenché l'alarme de détection automatique des fumées.

Quand il aura fini de s'empoisonner, Gaétan Prieur rejoindra Julien. Tous deux s'accouderont à la balustrade et admireront la courbe délicate de la nuque ployée de Noémie.

Aujourd'hui, une place demeure vide à côté de Noémie. Cette absence gâte le plaisir de Gaétan. Elle signifie la mort. Pourtant, il écoute Julien. L'adolescent raconte ses rêves. Ses espoirs de jeune homme qui étreint la vie. Gaétan espère avec lui qu'il franchira le cap Horn ou élèvera des caïmans au Botswana. Gaétan a rêvé d'être écrivain. Son existence s'achève et son nom n'a jamais été imprimé sur une couverture. La plaquette consacrée à Sarlanpol est sa dernière chance.

Gaétan écoute Julien qui raconte Noémie. Il aime Noémie. Il ne le lui a pas encore dit, mais il le dit à Gaétan et Gaétan estime Julien pour cet amour. La jeune fille est si belle. Elle est la petite-fille d'un écrivain. Gaétan n'oublie pas la soirée passée avec Noémie. Sa première soirée en tête à tête avec une femme.

Gaétan a peur des femmes. Une peur panique qui l'a condamné à demeurer célibataire. Julien est ce que Gaétan aurait voulu être à son âge. Un beau garçon aimé des filles. Un jeune homme assoiffé de projets qu'il réalisera sans doute, à force de volonté. Tout le contraire de Gaétan.

Gaétan a lu dans les yeux de Noémie qu'elle aime Julien. Elle non plus n'a rien avoué. Peu importe. Au cours du repas au restaurant, elle n'a prononcé que deux fois le nom de Julien. Mais de quelle façon ! Gaétan donnerait dix ans de sa vie pour qu'une femme dise son nom comme Noémie a dit celui de Julien. Mais Gaétan ne dispose plus de dix ans de vie. Ni même de dix jours. Vous avez deviné que la cigarette qu'il écrase, avant de sortir du cagibi, est presque la cigarette du condamné. Oui, vous avez raison, c'est révoltant. Gaétan Prieur, universitaire gentil, discret, à l'intelligence supérieure, a raté sa vie et s'apprête à rater sa mort. Une injustice monstrueuse.

– Quelle mort affreuse, n'est-ce pas ? disait Gaétan Prieur, en indiquant d'un mouvement du menton la place désormais vacante de l'Étudiant, sept mètres plus bas.

– Oui, affreuse, répéta Julien. Il n'aimait

pas l'air de chien battu que l'universitaire adoptait trop souvent. Il préférait son regard admiratif et si doux, lorsqu'ils parlaient de Noémie. Ils chuchotaient. Un peu plus loin, le chef magasinier était comme un bouledogue devant sa niche.

– Vous croyez que votre travail sera sélectionné ? J'espère que vous gagnerez ! déclara Julien avec conviction.

Gaétan Prieur étreignit la rambarde contre laquelle il appuyait son ventre creux de célibataire mal nourri. Il entrevoyait la gloire. Son nom multiplié en 50 000 exemplaires. Une manchette dans le quotidien local.

– Je n'ai jamais eu de chance. Pour rien. Pourquoi les bons numéros sortiraient maintenant ? Pourtant, je suis convaincu que mon approche de l'œuvre de Sarlanpol est originale.

– Attention, voilà la patronne ! coupa Julien. Il montrait Hélène Brelot qui arpentait la salle de lecture.

Gaétan Prieur recula. Il se cachait comme un collégien quand rôde le surveillant.

– Je dois reprendre le travail, marmonna-t-il.

Gaétan Prieur regagna la salle de lecture. Il songeait avec effroi qu'il n'aurait plus Cyril Hajard en face de lui.

Jeudi, 10 h.
Noémie commença très déprimée sa dixième journée de travail. Tout allait de mal en pis. Deux assassinats, même pour une petite fille de romancier, c'était beaucoup. La mort de l'Étudiant l'impressionnait. Un minable dragueur, certes, mais Noémie ne pouvait s'empêcher de lorgner vers la droite où plus rien ne rampait, ni chevalière d'or, ni sourire blindé, et où s'ouvrait une place vide rappelant le coffre plein.

« Quelle horreur ! » songea Noémie avant de relire la lettre de sa mère, reçue la veille de Mexico.

« Recherches terminées ou non, tu regagnes ton lycée de Genève à la fin de la semaine. Tante Isoline est adorable, mais elle a besoin de repos. Il nous semble, à ton père et à moi, qu'il serait grossier de t'inviter chez elle plus longtemps... »

Suivaient quelques considérations sur « la chaleur infernale qui règne à Mexico » et sur « la splendide réception donnée à l'ambassade ». (Quelle ambassade ? s'interrogea Noémie. Ses parents *vivaient* dans les ambassades.)

C'était un ultimatum. En tirant sur la corde, Noémie grappillerait quelques jours de plus. Peu. Sa mère téléphonerait à tante Isoline, de Mexico, de Vladivostok ou d'ailleurs.

Et Noémie ne trouvait pas la lettre de son grand-père. Ne la trouverait pas, sauf chance inespérée. Les heures d'ouverture de la bibliothèque ne suffisaient pas. Deux mille sept cent vingt-huit lettres recensées. Un vertige de papier. Comment son grand-père avait-il fait pour aligner autant de mots serrés, minuscules ? Les minces feuillets s'entassaient devant Noémie comme une terrifiante pile de crêpes bretonnes.

Et l'autre corbeau qui planait sans cesse autour d'elle. Gâchant de précieuses minutes de travail. Elle se pointait sous n'importe quel prétexte.

– Mademoiselle Sarlanpol, voici des notes intéressantes. Elles vous permettront de mieux cerner la personnalité de votre grand-père...

Elle lui collait entre les mains une édition

annotée par un quelconque écrivain. Des gribouillis illisibles, la plupart du temps. Puis, elle posait ses étranges questions, en lissant du plat de la main sa jupe noire. Elle s'asseyait à la place de l'étouffé vif.

– Pierre Louis vous faisait-il sauter sur ses genoux ?

– Caressait-il vos magnifiques cheveux ?

– Vous embrassait-il souvent ? Sur les paupières, peut-être ? Dans le cou ?

Embarrassante, madame la Conservatrice. Elle ne bronchait pas d'un cil en débitant ses âneries. Noémie balbutiait des bouts de phrases rougissants. Elle ne se souvenait quasi pas du Grand Homme.

Depuis la mort de Cyril Hajard, depuis que Paul Landru l'avait interrogée, avait émis l'idée que... oui... enfin non... n'imaginez pas que... une hypothèse, rien qu'une hypothèse... supposons que la conservatrice vous ait quittée un instant, ce fameux soir...

Depuis, donc, Noémie tressaillait quand Madame venait près d'elle se renseigner sur les câlins grands-paternels.

« Mon Dieu, s'exclamait la jeune fille (in petto, cela va de soi), se pourrait-il que la conservatrice... »

Elle n'allait pas au-delà dans l'évocation. L'image d'Hélène Brelot arc-boutée contre la porte du Fichet lui flanquait une frousse monstre.

Noémie Sarlanpol déprime. Pendant qu'elle sombre dans une détresse morale néfaste à son travail, Julien dévale l'escalier qui mène à la salle de lecture. Il apporte à la jeune fille la liasse SAR 143/D, liasse nullement réclamée, mais c'est cela le destin ! Il est décidé. Il dira à Noémie... Il tentera de lui faire comprendre...

– Votre travail progresse, mademoiselle ? pataugea Julien, furieux d'une si piètre entrée en matière.

Il posa la liasse à la place qu'occupait l'Étudiant et s'installa sur sa chaise. Le siège était glacé. Julien s'efforça de ne pas entendre la toux agacée du chef magasinier. De ne pas regarder les grimaces fielleuses des chercheurs. Ni même le clin d'œil complice de Gaétan Prieur. Il s'accrocherait à sa chaise comme la moule à son rocher (par exemple), et parlerait.

Oui, mais de quoi et comment ?

Lui qui ne baissait jamais les yeux devant les filles, les enfouissait maintenant sous la liasse SAR 143/D. Et rougissait.

Julien n'en pouvait plus. Il était comme imprégné d'une douleur, à la fois douce et insupportable. Il découvrait qu'être amoureux faisait beaucoup de bien et très mal. Il prit la résolution de se délivrer en disant tout.

Julien releva la tête. Il rencontra la pâleur de Noémie. Une unique larme, échappée d'une volonté trop tendue, s'aventurait sur le visage défait. Cette larme bouleversa Julien et renversa les barrières de sa peur.

– Sortons ! proposa-t-il.

Il se leva, certain que Noémie le suivrait. Il longea le comptoir de Jean Petiot, entendit siffler les menaces du magasinier. Outré. La première fois de sa carrière qu'un employé harcelait une lectrice.

– Je m'en fous ! défia Julien.

Ils ne sentirent ni l'un, ni l'autre, le froid qui gelait le hall. Ils se tenaient face à face, silencieux. Leur bouche émettait de petits nuages de vapeur blanche qui en disaient plus long que n'importe quel message de fumée sioux. Les bulles chaudes et argentées lançaient vers la voûte gothique des mots identiques. « Je t'aime. » Mais Julien dit :

– Qu'est-ce qui ne va pas ?

Noémie sourit. Tout allait merveilleusement bien. Depuis deux minutes. Elle dégagea son front des cheveux qui l'encombraient. Julien suivait le mouvement des mains comme si les doigts caressaient ses propres tempes. La laque des ongles disparaissait sous les mèches. Réapparaissait le temps d'un rose furtif. Spectacle fascinant pour l'amoureux transi qu'était Julien. Transi aussi de froid, malgré ce qui a été dit plus haut : à la longue, le thermomètre est plus fort que les sentiments.

– Tout va de travers, reconnut cependant Noémie. Je n'y arriverai jamais.

Un rire effaça la dernière buée des larmes refoulées. Retirons-nous sur la pointe des pieds. Noémie et Julien font connaissance. Cette partie de leur vie ne nous appartient pas. Retenons pourtant que Noémie explique à Julien ce qui l'a conduite à la bibliothèque Pierre Louis Sarlanpol. Julien jure de garder le secret. Il est épaté. Épaté par ce grand-père qui invente un jeu de pistes au-delà de sa mort. Quand Noémie montre la dédicace, la gorge de Julien est un buvard. Il comprend que l'amour du grand-père pour sa petite-fille est exceptionnel. Il éprouve un peu de jalousie.

Julien n'a pas lu un roman en entier depuis la classe de sixième où on l'obligeait à lire des romans en entier. Il décide sur-le-champ de lire toute l'œuvre de Pierre Louis Sarlanpol. Il décide aussi d'aider Noémie. Il sortira en cachette les dossiers de la bibliothèque. Ainsi, la jeune fille lira chez elle, la nuit, d'autres lettres de son grand-père.

– Tu trahiras la confiance de la conservatrice, remarque Noémie.

– Tant pis, grimace Julien. Il réfléchit, ajoute : ne reste jamais seule avec elle.

Il refuse d'en dire davantage.

Cour d'assises : acte VI

Il joua avec elle
Comme le chat avec la souris.
Il fut féroce.

JEAN GENET.

– *Hélène Brelot, avez-vous quitté la salle de lecture à la suite de Cyril Hajard, ainsi que l'affirme Julien Mottet ?*

– *Il ment.*

– *Pourquoi ?*

– *J'avais acheté dix boîtes, le vendredi.*

M. Petiot les a jetées, vides, le lundi matin.

(Remous dans la salle. Le public regarde le président. Le président regarde l'accusée.)

– De quoi parlez-vous ? De quelles boîtes... Quel rapport avec Julien Mottet ? Avec le coffre refermé ? Je vous en prie, reprenez-vous !

– Un fieffé menteur, monsieur le Président. Il a dit que les chats n'avaient rien mangé depuis deux jours. C'est faux. Je leur avais distribué la pâtée habituelle.

(Silence consterné, puis rumeurs et cris hostiles. Le président demande l'évacuation de la salle.)

L'accusée s'assied. Elle pleure, doucement, sans véritables larmes. Une sorte de désespoir. Elle dit :

– Comment vont-ils ? Personne ne me donne de nouvelles de mes chats. C'est in-humain.

CHAPITRE 4

Et le chat qui est invité
Marche derrière le petit cercueil de paille.

JACQUES PRÉVERT.

Gaétan Prieur raturait. Maugréait et raturait. Personne ne faisait attention à lui. Ici, les trois quarts des gens radotaient. Il dissimulait quand même le manuscrit de Pierre Louis Sarlanpol derrière sa serviette en cuir cabossé.

« Nul, nul, archi-nul ! » fulminaient les lèvres de Gaétan, pendant que le stylo-plume biffait l'image faiblarde de Pierre Louis qu'il remplaçait par une superbe évocation de Gaétan.

Maintenant, Gaétan Prieur était convaincu. Pierre Louis Sarlanpol écrivait comme un cochon. L'admiration de Gaétan s'envolait à mesure qu'il avançait dans l'œuvre de l'écrivain.

L'écrivain ?

Un tâcheron ! s'énervait Gaétan. Son stylo, pris de rage, troua la page 182 du manuscrit original intitulé *Quand l'amour s'emmêle*. Il réécrivit dans la marge, en mots serrés et fébriles, la BONNE phrase, la phrase de l'écrivain véritable qu'était Gaétan. Il la relut. Un sourire satisfait rida davantage son visage de coing fané. Il relut aussi la bouillie Sarlanpol. La colère décolorait l'extrémité de ses doigts cramponnés au stylo. Des mots mous. Des adjectifs de concierge. Des verbes de pisse-copie. Un romancier à la noix. Qu'il ait atteint la gloire resterait une injustice sans nom. Les lecteurs qui se goinfraient d'histoires aussi tartes étaient des crétins.

Gaétan Prieur oubliait son désir de gagner la compétition. De voir son nom imprimé en 50 000 exemplaires. Il commençait l'œuvre de sa vie. Il réécrivait Sarlanpol. Méthodiquement et complètement. Il s'attellerait à la tâche aussi longtemps qu'il le faudrait. Manuscrit après manuscrit. Certaines pages de Sarlanpol, raturées de haut en bas, ressemblaient au fond boueux d'un encrier. À côté du texte original, ou sur des feuillets ajoutés, Gaétan composait de la belle littérature que ce zéro de Sarlanpol martyrisait de son incompétence.

Gaétan leva la tête. Ses yeux brillaient. Coup sur coup, il avait bâti deux paragraphes nerveux et rythmés, d'une splendide simplicité. Il inspecta les environs. Des nuques cassées au-dessus de pages fiévreuses, des stylos qui grattaient, qui grattaient. Noémie Sarlanpol lisait ses lettres. Pauvre jeune fille qu'aveuglaient la notoriété de son grand-père et les liens familiaux. Un grand-père escroc. Oui, escroc. Gaétan, qui avait du talent, demeurait dans l'ombre, alors que la médiocrité de Pierre Louis Sarlanpol embrasait les milieux littéraires.

À quoi bon épiloguer. L'injustice écœurait Gaétan Prieur. Il décida une pause d'un quart d'heure. Une cigarette avant de poursuivre son travail de démolition. Julien avait sa demi-journée de congé : l'escapade-cagibi serait moins agréable, mais Gaétan devait en griller une ou il exploserait. L'ennui était qu'il ne pourrait pas se confier à Julien. La veille, il lui avait tout avoué. Cité plusieurs paragraphes massacrés et reconstruits. Sous le regard naufragé de Julien qui n'avait pas dit un mot. Ce silence accroissait la fierté de Gaétan. Pour la première fois, il étonnait quelqu'un. Le gamin n'en était pas revenu.

L'audace de Gaétan Prieur émouvait Gaétan Prieur. Sa cigarette terminée, il s'appuya au garde-fou d'où il considéra ses semblables, quelques mètres plus bas. Aucun n'oserait. Ils resteraient des gratte-papier toute leur vie. Sans gloire. Un sourire d'une grande tendresse erra sur les lèvres de Gaétan Prieur. Il aimait ces femmes, ces hommes, qui s'échinaient par amour des mots. Ils disparaîtraient un jour, d'autres poseraient leurs fesses là, et ainsi de suite, l'ombre se refermant pour toujours sur ces inconnus et leur travail.

Ce ne serait pas le sort de Gaétan. Dans dix ans, dans vingt ans, les chercheurs croiraient lire les manuscrits originaux de Pierre Louis Sarlanpol et ils liraient du Gaétan Prieur.

Qui sait ? Peut-être rééditerait-on un jour Pierre Louis Sarlanpol à partir des manuscrits originaux ? Gaétan Prieur connaîtrait alors la gloire, fût-elle anonyme. Après sa mort, on lirait du vrai Gaétan Prieur et du faux Pierre Louis Sarlanpol.

Gaétan se pencha au-dessus de la rambarde de bois. Il désirait voir le cou offert de Noémie. Une parcelle de peau blanche. Une parcelle de jeune fille, de ces jeunes filles dont il ignorait tout.

Ignorerait tout, à jamais.

La balustrade craqua. Céda. Gaétan Prieur parut planer, les bras en croix. Il s'écrasa sur la table des jésuites. À l'emplacement même où, le 8 septembre 1618, le Général de la Compagnie de Jésus avait béni le repas donné en son honneur. Gaétan Prieur ne se rendit compte de rien. Il croyait rêver, s'envoler vers le nirvana des écrivains.

Cour d'assises : acte VII

> *Qui ne nourrit pas le chat*
> *Nourrit le rat.*
>
> *PROVERBE.*

– *Mademoiselle Sarlanpol, connaissiez-vous bien Gaétan Prieur ?*

– *Je l'aimais beaucoup, monsieur le Président. Il m'avait invitée au restaurant et... et...*

– Et quoi ?

– Et, contrairement aux autres chercheurs, il avait cessé de m'importuner avec des questions indiscrètes sur mon grand-père. Je crois qu'il ne s'intéressait plus à lui. Il m'avait dit qu'il n'écrirait pas la plaquette commémorative.

– A-t-il précisé le pourquoi de ce soudain désintérêt ?

– Non.

– Le jour de sa mort, l'avez-vous vu grimper dans la galerie ?

– Non, monsieur le Président. Julien était en congé, je ne regardais pas la galerie.

(Sourires dans la salle.)

– Gaétan Prieur s'appuyait-il toujours au même endroit du garde-fou ?

– Oui, monsieur le Président, à peu près.

– Il ne s'agit pas d'à peu près, mademoiselle !

– Il s'appuyait au même endroit, monsieur le Président.

– L'enquête a montré que la balustrade avait été sciée, probablement au cours de la nuit précédant le crime. Vous n'avez rien remarqué d'anormal, ce matin-là ?

– Non, monsieur le Président.

– Vous maintenez vos certitudes : Gaétan

Prieur et Julien s'appuyaient TOUJOURS au même endroit ? demanda l'avocat général.

— Oui, monsieur l'Avocat général. De là, Julien me voyait et...

— Oui, oui, oui ! La cour connaît !

(Rires.)

— Vous vous asseyiez très exactement en dessous de Gaétan Prieur ?

— Oui.

— Mademoiselle Sarlanpol, au moment du drame, où étiez-vous ?

— Aux toilettes, monsieur l'Avocat général.

(Silence. L'avocat général se plante devant le témoin.)

— Avez-vous songé, mademoiselle Sarlanpol, à ce qui se serait produit dans le cas contraire ? Ne pensez-vous pas que l'assassin comptait faire, si j'ose m'exprimer ainsi, d'une pierre deux coups ?

La scène se déroule à la bibliothèque. Il est vingt-deux heures. L'obscurité et le silence envahissent les salles, les couloirs, les escaliers. Une lumière éclaire pourtant le bureau-chapelle d'Hélène Brelot. La porte est grande ouverte. Hélène Brelot se croit seule.

Elle a tort. Dans le couloir, se profilent les ombres de Julien et Noémie. Incroyable, pensera-t-on et on aura bien raison. D'autant que Julien s'est contenté d'une mince justification pour entraîner Noémie à la bibliothèque.

– La patronne ne tourne pas rond, a-t-il dit.

Ce qui, vous le constaterez bientôt, semble exact. Mais n'enlève rien au manque de crédibilité de la situation.

Noémie a menti à tante Isoline, afin de justifier une nuit buissonnière. Julien a menti à ses parents. Qu'importe. Ne perdons pas notre temps à cautionner chaque fait et geste des héros. Le récit s'impatiente. Approchons donc de l'éclat lumineux, près de la porte du bureau d'Hélène Brelot. Julien et Noémie, blottis l'un contre l'autre, tremblent et épient.

Julien tremble parce qu'il sent la douceur de la présence de Noémie.

Noémie tremble pour la même raison. Mais elle tremble davantage encore parce que d'imperceptibles frémissements d'air effleurent son visage. Elle pense que ce sont les battements d'ailes des âmes de Marie Bizingre, de Cyril Hajard, de Gaétan Prieur.

Hélène Brelot se tenait à califourchon sur l'accoudoir du fauteuil Voltaire. Elle ne ressemblait en aucune façon à la femme de grande classe et de grande éducation que fréquentaient Julien et Noémie. Du fait de sa position, sa jupe de lainage noir remontait jusqu'à mi-cuisses. Encore belles et musclées.

Un verre de beaujolais était posé sur l'autre accoudoir. Hélène Brelot mangeait un sandwich. Le papier gras, enveloppant les tranches de jambon, traînait sur le tissu de velours rouge. Une dizaine de chats miaulaient tout autour de Madame. Quand elle lançait une couenne, les félins s'étripaient avec des cris rauques. Entre deux bouchées, Hélène Brelot parlait.

– Minous... mes minous bons à rien. N'est-ce pas, Le Clézio et Simenon ? Des souris partout, une véritable calamité ! Vous quémandez un repas alors que des centaines de repas se baladent dans ma bibliothèque ! Vous n'aurez rien !

Les chats comprenaient la menace. Un concert de miaulements soulignait chaque remontrance. Noémie frissonnait et se serrait contre Julien. Elle perdait pied, ne savait plus très bien qui miaulait. Les chats,

125

les jésuites ou Hélène Brelot ? Sa foi en Julien l'amenait à une conduite extravagante que sa mère ne croirait pas si elle la lui racontait. Mais elle ne raconterait pas. Elle écrivait des lettres d'à peine vingt lignes. Elle ne voyait ses parents qu'un mois par an au cours duquel ils la soûlaient de leurs extravagances.

Hélène Brelot se leva. Elle s'éloigna de quelques pas, abandonnant les restes du jambon. Le Voltaire, mis à sac, disparut sous un nœud de poils noirs d'où s'échappaient des couinements effroyables.

– Regarde ! souffla Julien.

Il montrait une table vers laquelle se dirigeait Hélène Brelot. Noémie retint un haut-le-cœur. S'y trouvait une assiette pleine de souris débitées en rondelles.

– Elle est foldingue ! commenta Julien.

Mais Hélène Brelot s'approchait encore de la table. Malgré la distance, ils virent qu'elle était très pâle. Sa lèvre inférieure, comme décrochée de la mâchoire, pendait de dégoût.

– Quelle horreur ! cria Madame. Qui m'en veut au point de semer *ça* partout dans ma bibliothèque ?

Elle avait vomi le « ça ». Elle parut défaillir, puis la transformation fut brutale. Elle pirouetta d'un tour complet, afficha à nouveau un visage alerte, détendu. Elle lorgna le Voltaire lacéré sur lequel la boule de rage poursuivait la lutte.

– Minous... minous chéris, venez chercher la bonne nourriture que maman a préparée.

Le mot « nourriture » explosa dans le cerveau des félins. Ils se ruèrent vers Madame. Hélène Brelot posa l'assiette sur le sol. Elle était sur la mitre de l'évêque Thibert, enterré là en 1637.

– Mangez, mes chéris.

Hélène Brelot n'eut pas un regard pour le spectacle. Elle se dirigea vers la porte.

– Cachons-nous, murmura Julien.

Il attira Noémie dans le cagibi du couloir. Quand Madame fut passée, ils la suivirent à distance raisonnable. Noémie vivait un cauchemar. Sans la main chaude de Julien enfermant la sienne, elle aurait fui en hurlant.

Madame pénétra dans la salle Pompadour et alluma toutes les lumières. Julien et Noémie se glissèrent dans l'angle d'un rayonnage. Pendant qu'ils s'accroupissaient, le Diable arriva par la porte opposée. Les chats. Ils étaient tous là, le poil en bataille. Daeninckx, Le Clézio, Duras et les autres. Ils entraient à la queue leu leu. Fiers comme Artaban. Une ligne noire qui ondulait vers Hélène Brelot.

– Comment ont-ils fait ? articula Noémie.

Julien n'en menait pas large. Il essaya une réponse.

– Ils ont fait le grand tour par les autres couloirs.

– La distance est trois fois plus longue, ils n'auraient pas eu le temps…

– Ce sont des créatures diaboliques, décréta Julien.

L'explication valait ce qu'elle valait et nous nous en contenterons.

Hélène Brelot fourrageait dans les rayonnages réservés à la donation Pierre Louis Sarlanpol. Elle y choisit un dossier, s'assit en tailleur à même le sol. Les chats, soudain apaisés, l'entourèrent. Ils ronronnaient. Le Clézio sauta dans le creux de la jupe de Madame et s'y coucha, câlin. Hélène Brelot se mit à lire. Une lettre de Pierre Louis Sarlanpol.

Pendant qu'elle lisait, elle caressait au hasard les têtes ou les ventres des chats attentifs.

Noémie et Julien cessèrent de respirer. Hélène Brelot lut une dizaine de lettres. Le bonheur la transfigurait. Elle avait vingt ans. Puis, elle feuilleta un second dossier. S'arrêta sur une page, hésita. Les chats perçurent le changement d'attitude. Ils s'éloignèrent. Madame se décida enfin à lire. Sa voix était douce mais son dos se voûtait. Elle avait cent ans.

« Elsa, ma chérie, ma vie,
Notre couple caché est un mensonge. Il m'est de plus en plus insupportable de mentir pour des raisons de notoriété, de carrière. Mais je suis faible. La peur du scandale me paralyse. J'imagine les manchettes des journaux s'ils apprennent notre liaison.

Tu es ma raison de vivre. Avant toi, rien n'existait, je le sais maintenant. Si le mot amour a un sens, tu es ce sens... »

La main qui tenait la lettre tomba dans le creux de la jupe. Hélène Brelot pleurait.

– Partons, dit Julien. Mais quoi qu'il arrive, jure-moi de ne jamais raconter ça à personne.

C'était trop demander à Noémie. Elle pleurait, elle aussi.

Cour d'assises : acte VIII

> *Inutile de gronder le chat*
> *Quand le fromage est mangé.*
>
> DICTON.

– *Personne d'autre que vous n'avait la possibilité de scier la balustrade protégeant les tribunes du vide.*

– *Ridicule... Profondément ridicule... Je ne ferais pas de mal à une mouche.*

(Le président a un sourire glacial.)

– *Et à une souris ?*

(L'accusée hausse les épaules.)

(L'avocat général interroge l'accusée.)

– *Hélène Brelot, dites-nous s'il était possible de scier le garde-fou pendant la journée ?*

– *Non.*

– *Qui peut rester à la bibliothèque au-delà des heures d'ouverture ?*

– *Le personnel de service.*

– *Et vous-même.*

– *Oui.*

– *Le personnel de service quitte les lieux à vingt heures, une fois le ménage terminé ?*

– *Oui.*

– *Vous pouvez, vous, vous attarder à la bibliothèque ?*

– *Oui.*

– *Êtes-vous restée à la bibliothèque, la veille de la mort de Gaétan Prieur ?*

– *Non.*

– *Est-il exact que vous dormiez parfois à la bibliothèque ?*

– *Oui.*

– *Vous aviez installé un lit ?*

– *Oui.*

– *Que vous n'avez pas utilisé ce soir-là ?*

– *Non.*

– *Saviez-vous que Gaétan Prieur annotait les manuscrits de Pierre Louis Sarlanpol ? Ou, plus exactement, réécrivait Pierre Louis Sarlanpol ? Il n'appréciait apparemment pas cet auteur.*

(L'accusée tressaille.)

– *Non.*

– *Ainsi, vous l'ignoriez ? Étrange, pour une conservatrice si pointilleuse. Voici un passage réécrit par Gaétan Prieur.*

(L'avocat général lit un extrait de Au revoir et merci pour tout *revu par Gaétan Prieur. La salle écoute, tendue. À mesure qu'il progresse dans sa lecture, le corps d'Hélène Brelot se met à bouger. Les épaules*

131

d'abord. La tête suit. Le fou rire gagne enfin entièrement Hélène Brelot.)

Des cernes pochaient les yeux de Julien. Il a lu toute la nuit des lettres de Pierre Louis Sarlanpol. Des lettres splendides. Autrement plus belles que ses romans à l'eau de rose. Particulièrement celles qui sont adressées à Elsa, la femme que l'auteur a passionnément aimée à la fin de sa vie. Julien s'est laissé emporter par la correspondance de Pierre Louis. Des phrases magnifiques, parfois bouleversantes. Mais Julien n'a pas découvert les feuillets destinés à Noémie.

Rassurons-nous : la vérité approche à grands pas. Les pas de Julien, justement, qui porte dans ses bras l'énorme dossier SAR 162/C. Les feuillets – deux, sans nom ni mention spéciale – figurent quelque part dans la liasse poussiéreuse. Julien marche dans le couloir qui mène à la salle de lecture. Pour une fois, il ne pense pas à Noémie. Il se remémore la discussion qu'il vient d'avoir avec Paul Landru. Un flic qui a autant de flair qu'une endive.

– Puisque je vous dis que c'est elle l'assassin, s'entêtait Julien.

Les paupières de Paul Landru clignotaient comme un gyrophare. Le gosse avait raison, mais ce n'était pas une raison pour asséner ça au flic chargé de l'enquête ! Que chacun tienne son rôle, nom de Dieu !

– Du calme, du calme, finassait-il. Peut-être que...

Pendant qu'il égrenait des mots dérisoires, il se voyait en train de passer les menottes à Hélène Brelot. De la pousser dans le fourgon cellulaire. Des cauchemars pour la vie.

– Y a pas de peut-être, braillait Julien. La patronne est devenue barge à cause de Pierre Louis Sarlanpol ! Je ne sais pas pourquoi, mais elle refuse qu'on touche à la donation de ce type ! Ce que Noémie et moi avons vu...

– Peut-être, répéta Paul Landru, le regard vague.

Un malaise l'étreignait. Oui, Hélène Brelot était l'assassin. Et lui, le flic, n'éprouvait aucune répulsion. Pire : une voix intérieure susurrait des calamités, du genre « quelle sacrée bonne femme... trucider trois personnes avec autant de sang-froid que si elle cueillait des champignons... »

« Halte ! hurlait sa conscience. Tu vas trop loin ! N'oublie pas que tu es flic et que même un mauvais flic n'a pas le droit de ressentir de la compassion pour un assassin, fût-il féminin. » En écoutant Julien qui s'énervait, Paul Landru décida qu'il devait changer au plus vite de métier.

– Je ne peux quand même pas l'arrêter sous prétexte que vous l'avez surprise en train de pleurer en lisant une lettre ! Ou de parler à ses chats ! Il me faut des preuves !

Et toc ! Le coup des preuves faisait toujours son petit effet. Un truc utile pour un flic et qui riverait le clou au gamin.

– Tu te rends compte, râlait Julien. On n'a pas de chance de tomber sur un Maigret en solde.

Il avait tout raconté à Noémie, sans même baisser la voix. La bibliothèque était déserte. L'air y devenait malsain. Depuis la mort de Gaétan Prieur, une épidémie sournoise de grippe semblait s'acharner sur les intellectuels de la ville.

– Que faire ? s'inquiéta Noémie. Quand elle entre dans la salle de lecture, j'ai la frousse.

Son visage était aussi chiffonné que celui de Julien. Elle n'avait pas dormi. Avait beaucoup lu, beaucoup pleuré parce qu'elle ne connaîtrait jamais ce grand-père qui écrivait de si belles lettres. Maintenant, elle avait hâte de terminer ses recherches. Plus elle lisait son grand-père, plus l'angoisse l'enlaçait. Les crimes, certes. Mais surtout la certitude qu'à travers ses lettres, son grand-père lui délivrait un message dont elle ne percevait toujours pas le sens.

– Méfie-toi, la patronne te déteste, prévint Julien d'une voix rauque.

– Pourquoi dis-tu ça ?

– Elle te déteste car tu es la petite-fille de Pierre Louis Sarlanpol.

Noémie n'obtint pas d'autres explications. Jean Petiot s'était approché d'eux.

– Julien, cessez d'importuner mademoiselle et retournez à votre poste. Je ferai un rapport à Madame.

– Et ta sœur ! rétorqua Julien.

Il avait décidé de chercher un emploi à Genève.

Cour d'assises : acte IX

Chat eschaudez
eau creint.

PROVERBE DU XIIIe SIÈCLE.

– *Maître Lourdel, à vous d'interroger le témoin.*

– *Julien Mottet, vous affirmez que Paul Landru a tendu un traquenard à Hélène Brelot, sur proposition de Noémie Sarlanpol ?*

– *Exact.*

– *J'aimerais que vous disiez à la cour ce qui, selon vous, a provoqué la fureur de ma cliente et, finalement, ses aveux.*

– *La lettre du grand-père de Noémie.*

(Maître Lourdel se tourne vers le président de la cour d'assises.)

– *Monsieur le Président, une lettre de Pierre Louis Sarlanpol, adressée à sa petite-fille, figure-t-elle au dossier ?*

– *Non, maître. Les témoins, Noémie Sarlanpol et Julien Mottet, disent avoir détruit cette lettre.*

– *Merci, monsieur le Président. Le jury appréciera l'attitude des témoins !*

(Maître Lourdel revient vers la barre où se tient Julien Mottet.)

– *Vous avez détruit une pièce essentielle... Je veux bien croire que vous en ignoriez l'importance... Du moins, pouvez-vous nous en communiquer le contenu.*

– *Non !*

(Murmures.)

– *Non ? Vous refusez de révéler ce que contenait la lettre de Pierre Louis Sarlanpol ?*

– Je refuse.

(La salle proteste. Le président intervient.)

– Monsieur Mottet, votre refus est illégal. Vous devez révéler le contenu de cette lettre, sinon je demanderai une sanction pénale.

– Ça m'est égal. Noémie ne dira rien et je ne dirai rien non plus. Je conserverai son secret.

Noémie lisait et relisait la lettre de son grand-père. S'en imprégnait, le cœur en vrille. Deux feuillets anonymes, sans en-tête, d'une écriture chaotique. Une confession, un cri.

« Je ne veux pas que tu commences ta vie dans l'ignorance. Que tu la bâtisses à partir d'un mensonge. Je t'aime trop pour mentir à l'unique petite-fille que la vie m'a donnée.

Noémie, ton grand-père n'a pas écrit une seule ligne de "ses" romans. Il avait un nègre qui écrivait à sa place. Un nègre qui a accepté l'anonymat et le silence pendant que je récoltais la gloire.

Les docteurs sont formels : dans deux mois, je serai mort. Je ne peux pas partir en laissant ma petite-fille admirer un escroc.

Je suis un escroc littéraire. J'ai aimé cela. J'ai aimé la gloire, l'argent, le pouvoir. Aujourd'hui, à la veille du grand saut, je me rends compte à quel point tout ceci était vain.

J'ai menti à tout le monde. À tout le monde.

Je ne te mentirai pas. Tu me tires trop la barbe en disant : "Papy, regarde comme je t'aime grand." Et tu ouvres tes bras à t'en écarteler.

Je t'aime, Noémie, petit bout de fille de sept ans. Toutes les phrases que tu liras de moi appartiennent à un autre. Non, pas toutes les phrases. Les lettres, mes lettres, sont de moi. J'ai aimé écrire à ces centaines d'amis, connus ou inconnus, qui m'admiraient. Qui admiraient Pierre Louis Sarlanpol. Ton grand-père est dans ces lettres. Lis-les, je t'en prie. Toutes. Je demande qu'elles soient rassemblées dans une donation que je fais à la bibliothèque de la ville. Je sais pouvoir compter sur l'indifférence de tes parents et sur la fidélité de la conservatrice des lieux. Elle lancera un appel à mes correspondants, afin que mes dernières volontés soient respectées.

Quant à toi, Noémie, tu es libre. Tu sais. Tu as le droit de te montrer plus courageuse que moi et de tout dire. Maintenant, ça m'est égal. Quelle que soit ta décision, je t'aime. »

Noémie était livide. Quant à Julien, qui terminait la lettre, il pensait que c'était là le mélodrame le plus abouti de Pierre Louis Sarlanpol. Il n'avait pas lu les autres, mais il semblait impossible qu'ils atteignent un tel paroxysme lacrymal.

Pour lui donner raison, Noémie pleura.

– Que vas-tu faire ? demanda Julien dans un souffle.

– Rien. Je ne dirai rien, jamais. Personne d'autre que toi ne lira cette lettre. Le secret est enterré avec mon grand-père.

Julien leva les yeux. Il rencontra le regard déterminé de Noémie. Et croisa, un peu plus loin, celui d'Hélène Brelot qui les observait.

CHAPITRE 5

Alléluia !
Martin s'en va
Dans son grenier
Chercher des rats ;
C'est pas pour lui,
C'est pour son chat,
Alléluia.

COMPTINE.

Qui a véritablement envie d'entendre le
« clic-clac » des menottes d'acier se refermant sur les poignets aristocratiques de
Madame, si faits pour les bracelets d'or
fin ?

Aucun des personnages ne souhaite la
chute d'Hélène Brelot. Tous, à leur façon,
subissent sa fascination. Alors, qui espère
l'arrestation de la criminelle ? Vous ! Oui,
vous lecteurs, et vous seuls ! C'est donc
pour assouvir votre soif de justice – dou-

blée, je le crains, d'un goût immodéré du drame – que je relaterai (le plus vite possible), les derniers événements qui virent la fin de Madame.

Noémie ne devait pas complètement tenir parole, puisque Hélène Brelot lirait aussi la lettre de son grand-père. La jeune fille fut responsable du dénouement. Elle ne sut jamais pourquoi elle avait fait une pareille proposition à Paul Landru.

– J'ai demandé un rendez-vous à Hélène Brelot. Accompagnez-moi, commissaire. Je laisserai la porte ouverte. Vous détiendrez alors la preuve de la culpabilité de la conservatrice.

Quel sentiment avait poussé Noémie ? Plus tard, elle fut incapable de l'expliquer. Julien considéra qu'elle n'avait agi que par curiosité. Car lui aussi se posait la question : mise au pied du mur, comment réagirait Madame ?

Hélène Brelot attendait la jeune fille, tranquillement assise derrière son bureau. Elle l'accueillit avec un large sourire, qui parut à Noémie aussi chaleureux qu'une arête de thon.

Ils virent donc ses réactions. Paul Landru et Julien depuis le couloir, Noémie exposée en première ligne.

– Des problèmes, mademoiselle Sarlanpol ?

– Lisez ! ordonna Noémie.

Elle tendit la lettre de son grand-père. Pendant que la conservatrice lisait, le commissaire demandait des explications à Julien.

– Ce texte ne vous regarde pas ! répondit Julien.

– Ah bon ! admit, pacifique, le commissaire.

Il s'en tint là. D'ailleurs Madame se mit à hurler.

– Faux, archi-faux ! Sale petite peste ! Vous inventez n'importe quelle stupidité parce que vous détestez Pierre Louis ! Vous rêvez de devenir romancière, vous me l'avez avoué : votre grand-père vous fait de l'ombre, c'est cela, n'est-ce pas, allez, dites-le !

Hélène Brelot crachait les mots.

– Vous cherchez à détruire sa mémoire, mais vous n'y parviendrez pas. Je vous en empêcherai. Personne ne touchera à Pierre Louis, il m'appartient.

Et Madame se mit à bombarder Noémie

des livres qui encombraient son bureau. Elle expédiait des volumes de six cents pages, reliés plein cuir, comme s'il s'agissait de balles de tennis. Noémie esquivait sans grand mal le tir approximatif. Pourtant, les injures de Madame la terrorisaient.

– Allons-y, décréta Paul Landru.

Julien le retint, alors que la conservatrice balançait le premier volume d'une encyclopédie.

– Pas encore. Souvenez-vous de vos exigences : une preuve !

Qui fut très vite donnée par Hélène Brelot. Elle se leva, soudain calmée.

– Qui êtes-vous, vous tous, qui mettez vos pattes sales sur Pierre Louis ? Quel droit vous conduit ici, vous amène à fouiner dans l'œuvre de Pierre Louis ? Aucun. Il vous a fait sauter sur ses genoux ? La belle affaire. Moi aussi Pierre Louis m'a fait...

Un rire nerveux interrompit l'évocation plaisante d'Hélène Brelot. Elle poursuivit :

– Je vais vous tuer. Comme j'ai tué Marie Bizingre, Cyril Hajard et Gaétan Prieur. J'ai toujours eu envie de vous tuer.

Madame s'avança vers Noémie. Elle cachait quelque chose derrière son dos. Quand elle leva très haut la lame dévissée du socle du massicot, en hurlant « Ban-zaïïï... », Paul Landru estima qu'il avait une preuve.

Cour d'assises : acte X

> *Il ne faut pas réveiller*
> *Le chat qui dort.*
>
> PROVERBE.

– *Que s'est-il passé, commissaire Landru, au moment de l'arrestation d'Hélène Brelot ?*

– *Je n'étais pas fier, monsieur le Président.*

– *Commissaire ! Une fois de plus, épargnez-nous vos états d'âme et tenez-vous-en aux faits !*

– *J'ai prié Noémie et Julien de quitter le bureau. Dans la confusion qui suivit, je n'ai pas remarqué que la jeune fille récupérait sa lettre. Je suis resté seul avec l'accusée.*

– *Quel était son état moral ?*

– *Très calme, monsieur le Président. Anormalement calme, compte tenu de l'hystérie précédente. Hélène Brelot a avoué ses crimes d'une voix ferme, précise, mais dénuée d'expression. Comme si elle lisait une circulaire.*

– Qu'a-t-elle avoué ?

– Tout. Elle reconnaissait avoir empoisonné Marie Bizingre qui tournait les pages des textes de Sarlanpol avec ses doigts mouillés de salive. Qui n'hésitait pas à corner un feuillet afin de marquer l'endroit où elle s'arrêtait dans sa lecture.

– L'accusée manifestait des sentiments particuliers ?

– Non, monsieur le Président. Ensuite, elle m'a dit avoir enfermé Cyril Hajard dans le Fichet. Puis, sans reprendre son souffle, elle a admis avoir eu du mal à scier le gardefou. Elle espérait que le poids de Gaétan Prieur suffirait à faire céder la rambarde.

(Murmures.)

– Ensuite ?

(Le commissaire dévisage brièvement l'accusée.)

– Ensuite, monsieur le Président, Hélène Brelot a eu enfin une réaction. Elle a souri. Un sourire très doux. Elle a murmuré : « J'aime Pierre Louis Sarlanpol, j'aime ses mots, j'aime son écriture. Tout le reste m'est égal. » Puis elle s'est tue.

– Comment avez-vous interprété cette dernière confession ?

– Monsieur le Président ! Même un flic

aussi médiocre que moi pouvait comprendre !

(Rires gênés. Le président réclame le silence.)

– Hélène Brelot, qui a eu une liaison amoureuse avec l'homme, est tombée amoureuse de l'œuvre. Elle s'est attribuée l'un et l'autre, s'est identifiée à eux. Je suppose que le travail acharné qu'a exigé le rassemblement de la donation explique en partie la déviation perverse du sentiment amoureux. Quoi qu'il en soit, Hélène Brelot est devenue Pierre Louis Sarlanpol, sa passion l'a dévorée. Elle était extérieurement conservatrice de la bibliothèque et, mentalement, par une sorte de détriplement de la personnalité, à la fois Pierre Louis Sarlanpol et son chevalier protecteur. Elle n'acceptait pas que quelqu'un d'autre puisse s'intéresser à l'écrivain, l'aimer ou le détester. Dans ces conditions, un Cyril Hajard qui volait des textes, un Gaétan Prieur qui les réécrivait ou une Marie Bizingre qui les salissait…

(Les personnes présentes n'ont d'yeux que pour Hélène Brelot. L'accusée se lisse le dos des mains. On dirait qu'elle voudrait faire disparaître les veines saillantes qui les abîment.)

– *Avez-vous rédigé un rapport d'audition aussitôt après les aveux d'Hélène Brelot ?*

– *Évidemment, monsieur le Président.*

– *L'accusée a signé ses aveux ?*

– *Non, monsieur le Président. Après avoir lu le rapport, elle a éclaté de rire et a dit : «C'est grotesque, je ne ferais pas de mal à une mouche.» Elle n'a jamais changé de ligne de conduite. Elle a constamment nié les faits, depuis son arrestation.*

– *Comment a-t-elle réagi au fil des mois, devant l'accumulation des preuves ?*

– *Elle ne réagissait pas. D'aucune façon. Je crois sincèrement qu'Hélène Brelot ignore qu'elle a tué trois personnes.*

– *Monsieur le Commissaire, ce sera aux médecins psychiatres de donner leur avis là-dessus ! La séance est suspendue.*

(Le maillet claque. Le public se lève.)

ÉPILOGUE

J'ai d'autres chats à peigner
Que d'inventer à plaisir
Des histoires de croquemitaine.

COURTELINE.

Paul Landru a quitté la police. Perrine et lui se sont installés sur la Côte d'Azur. Paul s'est laissé pousser les cheveux, comme Julien. Il fabrique des poteries qu'il vend aux touristes allemands. Il joue aux boules, bronze, se baigne. Vit. Perrine peint de superbes aquarelles qu'elle vend mal. Mais elle a confiance. Son talent est réel : elle percera. Paul et Perrine passent une bonne partie de leur temps à regarder grandir leur petite fille, née deux mois avant le procès. Elle s'appelle Hélène, allez savoir pourquoi.

Paul et Perrine sont heureux.

Julien et Noémie vivent à Genève. Julien y tient, depuis peu, une pizzeria. Grâce aux parents de Noémie, donc aux droits d'auteur Sarlanpol. Il dit que c'est une activité temporaire, qu'il prépare ses futurs tours du monde. En réalité, il songe de plus en plus que descendre l'Amazonie en radeau est un rêve dont on peut se dispenser.

Noémie a eu son bac. Elle est inscrite à la faculté des lettres de Genève, mais n'y met jamais les pieds. Elle écrit son premier roman. À mesure qu'il avance, elle se rend compte qu'elle « fait du Pierre Louis Sarlanpol ». Après tout, pourquoi pas ? se dit-elle. Elle oublie ses jugements sur l'œuvre de son grand-père. Elle se convainc qu'elle écrit de belles pages. Elle se convainc d'autant plus volontiers que ses parents, toujours à Ouagadougou ou à Ouarzazate, lui ont confié la comptabilité Sarlanpol. Et les nombres qu'elle inscrit dans les colonnes « droits d'auteur et royalties diverses » sont impressionnants. Au fond, peu importe : Noémie et Julien sont heureux.

Les rapports d'expertise médicale ayant déclaré Hélène Brelot « saine d'esprit et responsable de ses actes malgré quelques déviations délirantes », celle-ci s'est vue condamnée à quinze années de réclusion criminelle. Durant les premiers mois de son incarcération, la conduite d'Hélène Brelot a été celle des autres prisonniers. Mais, un dimanche matin, après la messe, elle s'est mise à clamer « qu'elle était un nègre, qu'elle avait vécu une vie de nègre ». L'affirmation laissa perplexe. Les autres prisonniers se tordaient de rire, la pauvre Hélène Brelot étant aussi pâle qu'une asperge.

Quand la prisonnière daigna donner des précisions – « j'étais le nègre de Pierre Louis Sarlanpol, j'ai écrit tous ses romans, je SUIS Pierre Louis Sarlanpol » – on l'interna dans une prison-hôpital psychiatrique. Elle y coule des jours paisibles. Elle s'occupe de la bibliothèque de l'hôpital. Elle s'entoure de chats qu'elle dorlote. Elle écrit. Énormément. De gros romans, à l'intrigue sentimentale. Elle signe obstinément « Pierre Louis Sarlanpol ». Elle ne sera jamais éditée, mais cela lui est égal. Quand elle écrit, une grande paix s'installe en elle.

COLLECTION Cascade

CASCADE POLICIER

ALLÔ ! ICI LE TUEUR
Jay Bennett.

L'ASSASSIN CRÈVE L'ÉCRAN
Michel Grimaud.

L'ASSASSIN EST UN
FANTÔME
François Charles.

LE CADAVRE FAIT LE MORT
Boileau-Narcejac.

CHANTAGE TOUS RISQUES
Pierre Leterrier.

LE CHARTREUX DE PAM
Lorris Murail.

LE CHAUVE ÉTAIT DE
MÈCHE
Roger Judenne.

COUPS DE THÉÂTRE
Christian Grenier.

DRAME DE CŒUR
Yves-Marie Clément.

DES CRIMES COMME CI
COMME CHAT
Jean-Paul Nozière.

CROISIÈRE EN MEURTRE
MAJEUR
Michel Honaker.

DANS LA GUEULE DU LOUP
Boileau-Narcejac.

LE DÉTECTIVE DE MINUIT
Jean Alessandrini.

UNE ÉTRANGE
DISPARITION
Boileau-Narcejac.

HARLEM BLUES
Walter Dean Myers.

L'IMPASSE DU CRIME
Jay Bennett.

LE LABYRINTHE DES
CAUCHEMARS
Jean Alessandrini.

MICMAC AUX MILLE ET
UNE NUITS
Paul Thiès.

LE MYSTÈRE CARLA
Gérard Moncomble.

L'OMBRE DE LA PIEUVRE
Huguette Pérol.

OMBRES NOIRES POUR
NOËL ROUGE
Sarah Cohen-Scali.

ON NE BADINE PAS AVEC
LES TUEURS
Catherine Missonnier.

PEINTURE AU PISTOLET
Thomas Garly.

COLLECTION Cascade

CASCADE AVENTURE

Achevé d'imprimer en mai 1995
sur les presses de Maury-Eurolivres S.A.
45300 Manchecourt
Dépôt légal : Mai 1995
N° d'imprimeur : F 6724
N° d'éditeur : 2568